D1748259

LIFESTYLE

Impressum:

Leif Hahlbohm & Eike N. Hahlbohm
Malt Whisky – Renaissance einer
traditionsreichen Kultur

ISBN: 978-3-939934-07-3

Alle Rechte, auch die Übersetzung,
Vervielfältigung und Verbreitung
(ganz oder teilweise) für alle Länder
vorbehalten.

© MEDIA SERVICE Stuttgart
Klaus Giehle
Göppingen / Stuttgart

www.meinneuesbuch.de
Mail: office@media-service-stuttgart.de

Technische Bearbeitung / Korrekturen:
A C M S.L.- Fuengirola (Marbella)

Gedruckt in Österreich
Friedrich VDV, A-4020 Linz

Leif Hahlbohm & Eike N. Hahlbohm

MALT WHISKY

Renaissance einer traditionsreichen Kultur

Inhalt

Vor dem Einschenken 8
Damals & Heute 11
Historie 13
Renaissance 23
Special: Produktspektrum 26
Herstellung 31
Special: Mälzereien 40
Special: Kleine Fasskunde 45
Sensorik & Degustation 49
Special: Aromen 53/54
Charaktere 63
Übersichtskarte Schottland 68
Der Einsteiger 70
Der Abenteurer 80
Der Kosmopolit 90
Der Connaisseur 100
Der Gemütliche 110

Gaumenfreuden	121
Whisky & Zigarren	123
Special: Formate	125
Special: Die kleine Rauchschule	127
Whisky & Kochen	131
Rezepte	131
Whisky & Schokolade	141
Rezepte	141
Whisky & Drinks	147
Service	149
Notationen	150
Weitere Abfüllungen	154
Unabhängige Abfüller	158
Adressen	160
Glossar	168
Bildnachweis	175
Danksagung	176

Vor dem Einschenken

Whisky!

Hinter diesem Begriff verbirgt sich eine Welt voller Faszination, Traditionen und Emotionen...

Die Geschichte dieses Getränks aus dem britischen Inselreich reicht weit in die Vergangenheit zurück. Kultur und Brauchtum haben sich im Laufe der Jahrhunderte fortwährend weiterentwickelt. Gleiches gilt für die Technologien des Herstellungsprozesses dieser stärkenden Spirituose. Wurde früher in Kupferkesseln über offenem Feuer gebrannt, haben heute technisch verfeinerte Destillationsverfahren und ausgereiftes Equipment die betagten Methoden abgelöst. Auch der Genuss des Getränks selbst erlebt gegenwärtig eine wahre Renaissance – nie gab es einen ähnlichen Boom des Industriezweigs der Whiskyerzeuger oder eine vergleichbare Vielfalt an Produkten. Die Autoren möchten mit diesem Buch den Leser auf der Reise in die faszinierende Welt des Whiskys begleiten.

Im Handel sind heute zahlreiche verschiedene Whiskysorten erhältlich. Die Palette reicht von amerikanischem Bourbon mit seinem typischen Vanille-Aroma über sanften kanadischen Whisky und dem zumeist dreifach-gebrannten irischen Whiskey bis hin zu dem charakterstarken schottischem Blended Whisky. Whisky kann aus den unterschiedlichen Getreidearten Roggen, Mais oder Gerste hergestellt werden. Geschmacklich liegen diese Produkte dadurch weit auseinander. Hinter vielen Marken – wie J&B, Dewars oder Chivas Regal – steckt sogar eine Mixtur aus Whiskys mehrerer Getreidesorten. Seit jeher ist es darüber hinaus üblich, Whiskys verschiedener Destillerien miteinander zu blenden. Puristen jedoch mögen an diesen letztlich unüberschaubar verschnittenen Produkten Anstoß nehmen. Daher bevorzugt eine wachsende Anhängerschaft von Genießern schottische Single Malt Whiskys. Hierbei handelt es sich um Whisky, der aus ein und derselben Destillerie stammt und ausschließlich aus Gerstenmalz gebrannt wird. In diesem Buch widmen sich die Autoren hauptsächlich dem schottischen Single Malt Whisky.

Allumfassende Kompendien und vollständige Nachschlagewerke über die schottischen Single Malts gibt es bereits genug, ihnen allen voran Michael Jacksons exzellentes ›Malt Whisky Companion‹. Im vorliegenden Buch wird daher lediglich auf eine Auswahl ausgefallener Produkte verschiedener Destillerien eingegangen. Jeder der auf den folgenden Seiten vorgestellten Whiskys verfügt über einen individuellen Charakter – genau wie sein Genießer auch. So einzigartig jeder einzelne Single Malt ist, so sind durchaus Ähnlichkeiten in Wesen und Aromaspektrum mit anderen Vertretern festzustellen.

Daher lassen sich für die Bandbreite der schottischen Malt Whiskys bestimmte Kategorien formulieren. Beispiele hierfür sind trocken-elegante oder fruchtig-süße Single Malts oder die salzig-torfigen Whiskys maritimer Herkunft. Tatsächlich lassen sich nahezu alle Destillate einer dieser Kategorien zuordnen. So liegt der Schluss nahe, dass sich die Anhänger dieser Whiskys analog in mehrere wesentliche Charaktertypen gruppieren. Die Autoren haben diese aufgespürt und stellen sie einleitend zu den zugehörigen Single Malts ausführlich dar.

Dem Leser wird dadurch ein ganz persönlicher Zugang zur Materie ermöglicht und wahrscheinlich findet er sich während der Lektüre wieder – sei es als wagemutiger Abenteurer, gewandter Kosmopolit, liebenswürdiger Gemütlicher, belesener Connaisseur oder auch als interessierter Einsteiger.

Das Buch richtet sich an den unbedarften Neuling ebenso wie an den gelegentlichen oder ›fortgeschrittenen‹ Genießer. Dem Interessierten werden eingangs Geschichte, Herstellung, Kultur und Verkostung von Whisky fundiert und verständlich vermittelt. Abgerundet wird das vorliegende Werk mit wertvollen Hinweisen zu passenden Zigarren, traditionellen Speisen und leckeren Cocktails, die auf besondere Weise mit dem schottischen Nationalgetränk harmonieren.

Der Leser nehme das Buch zur guten Unterhaltung, zum Zeitvertreib oder zum Schmökern bei einem köstlichen Dram in die Hand. Möge er außerdem beim Betrachten der zahlreichen Aufnahmen von Land und Leuten ins Träumen geraten.

Eine abschließende Bemerkung sei an dieser Stelle noch erlaubt – aus Gründen der Lesbarkeit wurde beim Verfassen des Textes auf die Einbeziehung der weiblichen Form verzichtet. Selbstverständlich ist mit diesem Buch auch jede wagemutige Abenteurerin, gewandte Kosmopolitin, charmante Gemütliche, belesene Connaisseuse und interessierte Einsteigerin angesprochen!

Slainté!

Bild (oben): Schloss Eckberg

Damals & Heute

Historie

Wie die Geschichte Schottlands selbst ist die Geschichte seiner Whiskys mit vielen Höhen und Tiefen verbunden. Nirgendwo sonst wurde der Herstellungsprozess des goldenen Wassers so perfektioniert wie hier, obgleich es in seiner Jahrhunderte währenden Historie unzählige Hindernisse zu überwinden galt. Der Single Malt, den wir heute zu fortgeschrittener Stunde andächtig in unserem Glas schwenken, ist genau genommen das Erbe jener stolzen Schotten, die mit ihrer Willenskraft und ihrem Tatendrang dieses Kulturgut seit ehedem bewahren und verteidigen.

Die Herstellung und der Genuss von Whisky haben sich im Laufe der Jahrhunderte von Tradition und Brauchtum zum Kult entwickelt. Ob vor hunderten von Jahren oder in der Gegenwart – immer schon war die Herstellung von Whisky in Schottland ein bedeutender Wirtschaftsfaktor. Doch bis zu dem goldfarbenen Lebenswasser, wie wir es heute in der Flasche vorfinden, war es ein langer Weg.

Ursprünge

Die Technologien, die der Herstellung von Malt Whisky zugrunde liegen, stammen gar nicht aus dem beschaulichen Inselreich selbst. Ihnen stand zunächst eine lange Reise aus der Ferne bevor, ehe die ersten irischen und schottischen Mönche Getreide in Maische, Maische in Destillat zu verwandeln wussten. Freilich war das Vergären von Obst und Getreide bereits wesentlich vor der Kunst des Destillierens bekannt.

Im vierten Jahrtausend vor Christus wurde in Mesopotamien – dem heutigen Irak – Getreide vergoren, um dieses haltbar zu machen. Brot wurde in Wasser getränkt und anschließend in Leinentücher gehüllt in die Sonne gelegt. Dabei entstanden durch die Umwandlung des im Getreide enthaltenen Zuckers geringe Mengen an Alkohol. Die Mesopotamier wussten die belebende Wirkung dieser Speise zu schätzen. Über das alte Ägypten gelangte das Wissen über die Fermentation schließlich nach Europa. Die Griechen und Römer teilten ihre Zuneigung zu Wein aus vergorenen Trauben. Später brauten die Kelten in Nord- und Mitteleuropa Met und Bier.

Der Begriff ›destillieren‹ stammt aus dem Lateinischen und bedeutet so viel wie herabträufeln oder abtropfen. Erste Zeugnisse destillierter Produkte aus dem frühen ersten Jahrtausend vor Christus weisen auf Indien als Herkunftsgebiet dieser Technologie hin. In einem Tongefäß

Bild (S. 10): Blick über die Highlandlandschaft im Nordosten der ›Isle of Skye‹
Bild (links): Glenashdale-Wasserfall auf der ›Isle of Arran‹

wurde zunächst das flüssige Ausgangsgemisch erhitzt, dessen Dampf an der Unterseite des Tondeckels auskondensierte. Mittels im Deckel eingelegter Wollwatte wurde das Kondensat aufgesogen, das nun auf einfache Weise ausgewrungen werden konnte. Zweck der Destillation war anfangs nicht die Herstellung von Getränken, sondern vielmehr die Gewinnung ätherischer Öle sowie die Erzeugung von Parfums, später auch von Medizin.

Die Historiker sind sich uneinig, wie die Kenntnisse des Destillierens letztendlich nach Schottland gelangten. Als gesichert gilt, dass im Irland des 12. Jahrhunderts die Herstellung von Whiskey (so die irische Schreibweise) bereits etabliert war. Während des Krieges Heinrich II. gegen die Iren 1170 stießen englische Soldaten überall im Feindesland auf Destillationseinrichtungen, die der Produktion von Whisky dienten. Bei ihrer Rückkehr berichteten die Engländer ihrem König von einem Getränk, das ihre Gegner zu ›tapferen Kämpfern‹ machte. Im dunkeln liegt, woher die Iren Kenntnis von der Destillierkunst hatten. Einer Quelle zufolge brachte sie im 5. Jahrhundert der Heilige Patrick von Frankreich aus kommend bei einer Reise auf die Grüne Insel mit. Nach einer anderen Theorie gelangte das Wissen um die Destillation erst durch den Einfall der Mauren in Spanien im 11. Jahrhundert nach Europa und kurze Zeit darauf auch nach Irland.

In ihren Bemühungen, die schottischen Heiden zu christianisieren, brachten irische Mönche das notwendige Wissen zur Herstellung von Whisky über die westlichen Inseln nach Schottland mit. Von nun an wurde hinter den Klostermauern auch in Schottland Whisky destilliert. Das neue Getränk fand schnell sowohl bei den Geistlichen als auch bei der restlichen Bevölkerung Anklang. Bis zum 16. Jahrhundert verfügten ausschließlich die Mönche in den Klöstern über das Brennrecht.

Etymologie

Erstmalige Erwähnung fand der Whisky 1494 in Aufzeichnungen der Finanzbehörden, den so genannten Scottish Exchequer Rolls, in denen der Erwerb von 8 balls Malz durch den Mönch John Cor zum Zwecke der Herstellung von aqua vitae festgehalten wurde.

Als ›aqua vitae‹ (lateinisch für Wasser des Lebens) bezeichneten die Mönche in den Klöstern üblicherweise das Destillat, das beim Genuss »das Leben durch die Adern und den ganzen Körper fließen ließ«. Bei der gälisch sprechenden Bevölkerung war das Getränk schon bald als uisge beatha, der direkten Übersetzung des lateinischen aqua vitae, bekannt. Im 18. Jahrhundert leitete sich hieraus das kürzere usquebaugh ab. Dieser Begriff war Ausgangspunkt für das spätere englische Whisky. Die in Irland und den USA hergestellten Erzeugnisse beanspruchen als Symbol ihrer Herkunft eine eigene Schreibweise für sich. Auf diesen Etiketten findet sich dementsprechend das Whiskey.

Ende der Klosterbrennerei

Die Zerstörung von Klöstern in der Zeit der Reformation 1534/35 durch die Protestanten sowie die endgültige Auflösung der Klöster in England und Schottland im Jahre 1560 zwangen die Mönche, ihre Wirkstätten zu verlassen. Sie siedelten sich in den umliegenden Ortschaften an und betrieben zumeist Viehzucht und Ackerbau. Mit ihrem Wissen über die Herstellung von Whisky, das sie freimütig mit der restlichen Bevölkerung teilten, entstanden zahllose Hausbrennereien, in denen Getreideüberschüsse verwertet wurden. Ein stark erhöhter Konsum war die Folge.

Als Reaktion auf eine Missernte 1579 schränkte das Parlament die Herstellung von Whisky erheblich ein. Lediglich Adlige durften in ihren Brennereien weiter produzieren, allerdings ausschließlich für den Eigenbedarf.

Obwohl die Herstellung von Whisky in dieser Zeit privilegiert war, stiegen Konsum und Export gleichermaßen weiter an.

Zu Beginn des 17. Jahrhunderts operierten über ganz Schottland verteilt viele kleine Destillerien, die den lokalen Bedarf des Lebenswassers deckten. Bereits zu dieser Zeit erlangte der Whisky eine herausragende Stellung im kulturellen Leben der Schotten, seine Produktion die Bedeutung eines wichtigen Wirtschaftsfaktors. Die Statuten von Iona von 1609 waren schließlich der Grundstein für die Legalisierung der Whiskybrennerei auf den westlichen Inseln und in den Highlands.

Besteuerung

Zur Finanzierung der Armee gegen Karl I. beschloss das schottische Parlament 1644 die Besteuerung von Whisky. Nicht nur das Getränk selbst, sondern auch das Betreiben der Brennereien waren davon betroffen.

Im Zuge der Zusammenlegung des schottischen mit dem englischen Parlament wurde 1707 in Schottland eine in England bereits bestehende Branntweinsteuer eingeführt. Die Produktion von Whisky verteuerte sich dadurch enorm, was in der schottischen Bevölkerung zu deutlichem Unmut führte. Dieser gipfelte in einigen blutig niedergeschlagenen Aufständen.

Schwarzbrennerei & Schmuggel

Anfangs erfolgte das Einziehen der Steuern alles andere als durchgreifend, zumal die Besteuerung von Whisky ganz und gar nicht im Sinne der Schotten war.

Die englischen Zoll- und Steuerämter hingegen hatten ein größeres Interesse an dem Eintreiben der Steuergelder. Doch waren sie nicht nur zu weit vom Geschehen im nördlich angrenzenden Nachbarland entfernt, sondern ihren Beamten fehlten vor allem ausreichende Landeskenntnisse. Nach dem Scheitern der Rebellion der Schotten unter Bonnie Prince Charles gegen die Engländer 1745 verstärkten die Sieger allerdings ihre Anstrengungen zu einer wirksamen Einziehung der Steuern. Beamte der Zoll- und Steuerbehörden wurden systematisch nach Schottland entsandt, um die Gelder einzusammeln. Dies sollte die Geburtsstunde der Schwarzbrennerei sein. Die illegale Herstellung von Whisky nahmen viele kleine Brennereien dort auf, wo Destillationseinrichtungen rechtzeitig abgebaut und vor den Behörden versteckt werden konnten, oder in Landesteilen, zu denen sich der Zugang als besonders unwegsam gestaltete. Als Hochburgen der Schwarzbrennerei galten Campbeltown auf der Halbinsel Kintyre, Islay und die weiteren westlichen Inseln sowie die Highlands.

Die schottische Bevölkerung unterstützte die Schwarzbrennerei, wo sie konnte. Die Schwarzbrennerei verherrlichend, zeichnete sie ein sehr romantisches Bild vom schwarzgebrannten Whisky und nannten ihn ›Mountain Dew‹ (zu deutsch Bergtau). Vom bekannten schottischen Dichter Robert Burns stammen aus dieser Zeit einige berühmte Loblieder auf den Whisky.

Eine Missernte 1757 führte zu einem vollständigen Brennverbot der lizensierten Destillerien, das bis 1760 andauerte. Hiervon ausgenommen waren die kleinen Hausbrennereien, die ausschließlich für den Eigenbedarf produzieren durften. Allerdings begannen diese in Erwartung eines lukrativen Geschäfts, die weiter bestehende Nachfrage nach Whisky zu decken. Dieser Whisky musste natürlich an den Behörden vorbei vertrieben werden, was sehr erfolgreich gelang. Daher trat 1781 ein Gesetz in Kraft, welches seither das Betreiben von Hausbrennereien und damit die Produktion von Whisky für den Eigenbedarf untersagt.

Im ausgehenden 18. Jahrhundert unterhielten viele Bauern kleine Destillerien als Erweiterung ihrer Farmen und Bauernhöfe. Auf diese Weise

Das Leben des Dichters Robert Burns (1759–1796)

Robert Burns gilt als Schottlands talentiertester und berühmtester Dichter.
Er wurde am 25. Januar 1759 als Sohn eines armen Hofpächters in Alloway geboren. Schon in seiner Jugendzeit begann er, zur Ablenkung von der anstrengenden Arbeit auf dem Hof seiner Eltern Gedichte und Texte zu schottischen Volksweisen zu verfassen. Nachdem der Vater eine Heirat mit seiner Angebeteten Jean Armour strikt ablehnte, reifte in dem jungen Mann der Entschluss, nach Jamaika auszuwandern. Bevor er Schottland zu verlassen gedachte, veröffentlichte er 1786 seine Werke unter dem Titel ›Poems chiefly in the Scottish dialect‹, um in seiner Heimat nicht in Vergessenheit zu geraten. Einige seiner Gedichte widmete er als passionierter Whisky-Genießer liebevoll dem schottischen Nationalgetränk.
Seine Gedichtsammlung erfreute sich großer Beliebtheit unter der Bevölkerung, und Robert Burns gelangte rasch zu Ruhm und Anerkennung. Im Sommer 1787 ließ er sich in Dumfries im Süden Schottlands nieder, heiratete seine Jean Armour und begrub seine Pläne, dem Land den Rücken zu zukehren. Er begann, für die Zoll- und Steuerbehörden zu arbeiten.
Im Sommer 1796 erkrankte Burns an einem Herzleiden, von dem er sich nicht mehr erholen sollte.
Er starb am 21. Juli 1796 in Dumfries. Bis zu seinem Tod hatte sich Robert Burns in Schottlands kulturellem und gesellschaftlichem Leben als landesweite Berühmtheit etabliert.

Ihm zu Ehren wurde auf dem Friedhof von St. Michael ein Mausoleum errichtet, in dem seit 1817 seine sterblichen Überreste ruhen.

konnten sie im Spätherbst und Winter ihr überschüssiges Getreide aus der Ernte weiterverarbeiten und zu Geld machen.

Es waren überwiegend die bekannten und leicht zugänglichen Destillerien der Lowlands, die ihre Steuern ordnungsgemäß bezahlten. Um weiterhin wirtschaftlich produzieren zu können, setzten diese Brennereien meist minderwertiges Getreide und einen stark verkürzten Destillationsprozess ein. Zur Folge hatte dieses Verfahren einen erheblichen Qualitätsverlust.

Die Bevölkerung begann, den qualitativ hochwertigeren Whisky aus den Highlands zu bevorzugen. Da dessen Einfuhr zu diesem Zeitpunkt jedoch offiziell verboten war, erfuhr der Schmuggel einen wahren Boom.

Zwischen 1790 und 1820 wurden von der englischen Regierung im Abstand von wenigen Jahren immer neue und höhere Steuern auf den Whisky erlassen. Ausschlaggebend war die Finanzierung des Krieges gegen die Franzosen, und so stieg der Steueranteil von 9 Pfund pro Gallone im Jahre 1793 bis zu 200 Pfund an.

Nicht zuletzt die vehementen Klagen und Beschwerden der legalen Brennereien führten 1823 zur Verabschiedung eines neuen ›Act of Excise‹, der die Grundlagen der modernen Whisky-Industrie schuf. In ihm wurde eine einheitliche Besteuerung der Whisky erzeugenden Betriebe festgelegt. Destillerien, die über eine Brennblase mit einem Fassungsvermögen von mindestens 40 Gallonen verfügten, konnten für jährlich 10 Pfund eine Brennlizenz erwerben. Der steuerliche Abschlag auf eine Gallone Whisky betrug nun 2 Schilling und 3 Pence, so dass Schwarzbrennerei und Schmuggel nicht mehr rentabel waren und schon bald bedeutungslos wurden.

Industrialisierung

Ausgelöst durch die weiter steigende Nachfrage und die nun wesentlich niedrigere Besteuerung, wurde die Whisky-Industrie ab 1825 von der Welle der Industrialisierung erfasst. Neue optimierte Destillationsverfahren ermöglichten beispielsweise eine wesentlich schnellere und effizientere Produktion.

Erst seit den vierziger Jahren des 19. Jahrhunderts wird Whisky in Flaschen abgefüllt. Zuvor ließ sich das Getränk ausschließlich fassweise oder in großen Tonkrügen erwerben. Die Flaschen trugen von Beginn an den Namen ihrer Erzeuger-Destillerie oder nach Einführung der ersten Blended Whiskys einen Markennamen.

Zum großen Erfolg des Whiskys in der zweiten Hälfte des 19. Jahrhunderts trugen mehrere Faktoren bei. So wüteten unter anderem zwischen 1858 und 1863 die Rebläuse in den Weinbergen Frankreichs. In diesen Jahren fielen die Weinernten nahezu vollständig aus. Die Vorräte an gutem Wein, Cognac und Brandy – den Lieblingsgetränken der englischen High Society – verknappten rasch. In England fehlte die Bereitschaft, die höheren Preise für diese Getränke zu zahlen, zumal auf der eigenen Insel mit dem Whisky eine kostengünstige Alternative zur Verfügung stand.

Zudem führte die Etablierung von Markennamen und eine weltweite Vermarktung der Produkte zu einer neuen Größenordnung der Exportmengen.

Blending

Die Anfänge des Blendings lassen sich auf die Wirtshäuser zurückführen. Hier wurde aus wirtschaftlichen Gründen teurer Malt Whisky mit billigerem Grain Whisky verdünnt.

Erstmals mischten 1853 Vertreter einer Destillerie – der Glenlivet-Destillerie – verschiedene Fassalterungsstufen miteinander, ein absolutes Novum für die damalige Zeit. Diese besondere Form des Blendings, bei der Whiskys unterschiedlicher Fässer aus ein und derselben Brennerei verschnitten werden, bezeichnen

Fachleute als Vatting. Das offizielle Verschneiden von Whiskys verschiedener Destillerien war zu jener Zeit allerdings noch unüblich, unter anderem aufgrund einer damals geltenden Sondersteuer. Als diese Sondersteuer 1860 abgeschafft wurde, war der Weg frei für das Blending und somit für das Herstellen von Whisky, der über einen längeren Zeitraum über annähernd konstante geschmackliche Eigenschaften verfügte. Der Whisky-Industrie war es nun möglich, auch mit ihren Produkten verschiedene Geschmackstypen gezielt zu bedienen. Schon bald bildeten sich treue Anhängerschaften bestimmter Marken und die Blended Whiskys traten ihren Siegeszug rund um den Globus an.

Von wenigen Ausnahmen einmal abgesehen, blieb das Angebot für lange Zeit auf die Blended Whiskys beschränkt. Es sollte bis 1963 dauern, ehe sich die Glenfiddich-Destillerie zur Vermarktung ihres Whiskys als Single Malt entschloss.

Bündnisse

Die steigende Bedeutung des Exports führte zu einer Verschärfung des Konkurrenzkampfs sowohl unter den schottischen als auch mit ausländischen Whiskyproduzenten. Daher schlossen sich erstmalig 1877 die sechs führenden Grain-Destillerien – Cambus, Cameronbridge, Carsebridge, Glenochil, Kirkliston und Port Dundas – zur Destillers Company Limited (DCL) mit Sitz in Edinburgh zusammen.

Durch diesen Schritt wurde neben einer Senkung der Produktionskosten und einer Gewinnsteigerung auch eine marktbeherrschende Position erlangt.

Aufgrund des stetig steigenden Preisdrucks konnten einige eigenständige Brennereien insbesondere in den schlechteren Zeiten in der ersten Hälfte des 20. Jahrhunderts nicht mehr kostendeckend produzieren und mussten daher schließen. Heutiger Nachfolger der DCL sind die United Distillers & Vintners (UDV), die zum

Diageo-Konzern gehören. Im Laufe der Zeit bildeten sich aus zumeist wirtschaftlichen Interessen weitere Bündnisse. Heute operieren nur noch wenige Destillerien wirklich unabhängig.

Abschwung

Fehlkalkulationen von Financiers und Managern führten zu Beginn des 20. Jahrhunderts zu einer Whisky-Überproduktion. Die Kapazitäten der Lagerhäuser im ganzen Land waren erschöpft, und die Destillerien mussten ihren Whisky weit unter den Produktionskosten verkaufen, um nicht auf ihren Beständen sitzen zu bleiben.

Bereits angeschlagen ereilten die Whisky-Industrie die beiden Weltkriege, die Prohibition in den USA und die Weltwirtschaftskrise in den Zwanziger Jahren. Zusätzlich erschwerten Getreidemangel und erhöhte Steuern die angespannte Lage. Als Folge mussten viele bedeutende Destillerien ihre Produktion einstellen, manche für immer.

Zeit nach dem 2. Weltkrieg

Die Jahre nach dem 2. Weltkrieg waren von einer langsamen Erholung der Whisky-Industrie gekennzeichnet.

Allerdings blieb dem Whisky ein weiterer Erfolg zunächst verwehrt.

In den folgenden Jahrzehnten schlossen einige weitere Destillerien mit zum Teil großer Tradition entweder komplett oder zumindest vorübergehend. Andere Produzenten reduzierten ihren Ausstoß.

Die Wiederentdeckung und massive Vermarktung der Single Malts wurde 1963 durch Glenfiddich eingeläutet und sollte die Weichen für die jüngst zu beobachtende große Popularität des Whiskys stellen.

Zwar kamen andere Destillerien dem Schritt von Glenfiddich zunächst nur zögerlich nach, doch existiert heute ein breites Angebot von Single Malt Whiskys einer wachsenden Zahl verschiedenster Destillerien.

Renaissance

Unsere gegenwärtige Zeit ist von einer Reihe schnelllebiger Trends geprägt. Was gestern noch absolut angesagt war, ist heute vielfach bestenfalls ein müdes Lächeln wert. Der Beliebtheitsgrad von Musikstilen, Rhythmen und Tänzen wechselt nahezu in der gleichen Frequenz wie die TV-Serie, der Superstar oder die Mode der Saison. Nur wenigen Trends gelingt es tatsächlich, ihre Bedeutung über längere Zeit beizubehalten und sich schließlich in unserem modernen Leben zu etablieren. Dem Whisky scheint genau dieses Kunststück in den vergangenen Jahren geglückt zu sein.

Belege hierfür finden sich beinahe allerorts. Im Supermarkt um die Ecke sieht sich der Kunde seit kurzem mit einer gehörigen Bandbreite an Produkten im Whisky-Regal konfrontiert.

Bekannte klären plötzlich ungefragt über die Unterschiede zwischen amerikanischem und irischem Whiskey und dem schottischen Single Malt auf. Die Neuauflage der Spirituosen-Karte in der Szene-Bar in der Altstadt bietet nun eine reichhaltige Anzahl an Einträgen unter der Rubrik Whiskys. Zeitungsartikel in der Tagespresse setzen sich mit dem Phänomen Whisky auseinander und legen Neugierigen den Besuch eines Whisky-Tastings ans Herz.

Die Ursachen für den noch recht jungen Siegeszug des Whiskys durch unsere heimischen Bars, Supermärkte und Wohnzimmer sind freilich verschiedenster Natur. Fairerweise soll erwähnt sein, dass dieser Erfolg nicht nur auf der willkürlichen Laune einer Modeerscheinung beruht. Der Whisky selbst ist eine eigene Lebensart, ein Jahrhunderte alter Kult, der von seinen Anfängen bis heute von den keltischen Nachfahren in Irland und Schottland gelebt und zelebriert wird. Die Lebensart und der Kult – beide erleben heute eine standesgemäße Wiedergeburt. Die einzelnen Gründe dafür sind sehr verschieden.

So sind in unserer heutigen Zeit voller Stress, Hektik und Betriebsamkeit gelegentliche Rückzugsmöglichkeiten höchst willkommen. Ein Glas Whisky – mit geschlossenen Augen in einem gemütlichen Sessel genossen – spricht nicht nur die Sinne an, sondern kann auch ungemein entspannend wirken. In jenem Moment, in dem der Duft des goldfarbenen Lebenswassers unsere Nase erfüllt und die ersten Tropfen die Zunge berühren, verharrt die Aufmerksamkeit des wahren Genießers in uneingeschränkter Konzentration bei der Wahrnehmung unserer Empfindungen. Für die Länge eines Drams spielt der Alltag nicht die Hauptrolle – und dies ist für

Bild (links): Marlene-Bar ›Hotel Elephant‹ Weimar

eine zunehmende Zahl von Anhängern ein guter Grund, sich gelegentlich an einem Glas Single Malt zu erfreuen.

Der Geschmack ist Geschmackssache! Was wie eine banale Feststellung anmutet, ist mit der wesentliche Grund für die Popularität der Single Malts überhaupt. Sie schmecken nicht nur gut, sondern bieten ein breites Spektrum an Duftnoten und Geschmacksrichtungen, die alle entdeckt werden wollen. Zwischen einem Laphroaig und einem Glenfarclas liegen reichlich Überraschungen für den Gaumen bereit. Selbstverständlich findet jeder Genießer auf seinem Streifzug durch die Welt der Whiskys irgendwann seine Favoriten. Zauderer hingegen lassen sich möglicherweise von der wissenschaftlichen Erkenntnis, dass sich der Geschmackssinn trainieren lässt, von einem Probeschluck überzeugen.

Die Whisky-Industrie hat ihrerseits natürlich ein nicht unerhebliches Interesse an der Erhöhung von Umsatz und Gewinn. Die meisten Destillerien gehören mittlerweile großen Getränkeproduzenten oder Lebensmittelkonzernen an. Diese verfügen neben professionellen Marketing-Abteilungen, die den einzelnen Marken durch Werbekampagnen und anderen geeigneten Maßnahmen zum Erfolg verhelfen, auch über die erforderlichen finanziellen Mittel für eine forcierte Vermarktung.

Bis Anfang der neunziger Jahre führten die Single Malts im Vergleich zu bekannten Spirituosen-Marken – wie Bacardi, Pernod und Martini – eher ein Schattendasein.

Die Getränkeindustrie sah sich daher zwei elementaren Herausforderungen gegenüber. Einerseits musste sie ihren Single Malts ein zeitgemäßes Image verpassen, andererseits galt es, neue Absatzmärkte zu erschließen. Gerade in Deutschland bestand für die Single Malts ein enormer Nachholbedarf, nicht zuletzt weil ihr Bekanntheitsgrad zu dieser Zeit gegen Null tendierte. Mit viel Fingerspitzengefühl sowie der Einführung neuer reizvoller Produkte – wie beispielsweise den Double Woods oder den Single Cask-Abfüllungen – gewann die Industrie die Aufmerksamkeit der Konsumenten. Mit dem Konzept, die Kultur des Whiskys ins Zentrum der Image-Kampagnen zu rücken, traf man ins Schwarze. Gewisse Merkmale der Single Malts, wie Authentizität und Tradition, können durch keine noch so versierte Werbekampagne ersetzt werden. Letztendlich vermittelt die individuelle Art der Vermarktung und die Platzierung der Marke das Lebensgefühl, mit dem sich der eine Konsument mehr, der andere weniger identifizieren kann.

Die Konzerne haben sich darüber hinaus einiges einfallen lassen, um die Konsumenten dauerhaft an ihre Marken zu binden. Seit Anfang der neunziger Jahre wurden von der Industrie zu diesem Zweck einige Programme – wie die ›Friends of the Classic Malts‹, die ›Friends of Laphroaig‹ oder der ›Balvenie Club‹ – ins Leben gerufen, die Interessierte und Anhänger gleichermaßen regelmäßig über Produkte und besondere Aktionen informieren.

So laden die ›Friends of the Classic Malts‹ beispielsweise alljährlich im Sommer zu dem mehrtägigen Segeltörn ›Classic Malts Cruise‹ ein, bei dem Seebären und Whisky-Begeisterte obligatorisch die Destillerien Lagavulin, Oban und Talisker ansteuern. Im Jahre 2002 legte Dalwhinnie – einer der sechs Vertreter der Classic Malts – eine exklusiv für die Friends of the Classic Malts abgefüllte Sonderedition in Fassstärke auf.

2007 ließ Talisker eine Sonderedition für Mitglieder folgen.

Wer sich für eine Mitgliedschaft bei den ›Friends of Laphroaig‹ entscheidet, bekommt von der Brennerei gar einen square foot des betriebseigenen Geländes auf Islay überschrieben. Einmal im Jahr ist jeder Besitzer eines solchen square foot berechtigt, die Pacht von Laphroaig in Form eines Drams vor Ort einzufordern.

Produktspektrum

Cask Strength Bei diesen Whiskys findet vor der Abfüllung keine Verdünnung mit demineralisiertem Wasser statt. Ihr Alkoholgehalt liegt im allgemeinen zwischen 50 und 60 Prozent.

Collector Malts Unter einem Collector Malt wird ein Whisky verstanden, der zu einem besonderen Anlass abgefüllt wird.

Double Wood Diese Malt Whiskys reifen nach ihrer regulären Lagerzeit in einem zweiten Fasstyp nach. Hier erhalten sie durch die Verwendung von Fässern aus der Sherry-, Portwein oder Rum-Produktion zusätzliche Duftnoten und einen komplexeren Geschmack. Fachleute sprechen bei diesem Vorgang auch von ›wood finishing‹.

Limited Editions Sind die Flaschen eines Whiskys auf dem Etikett durchnummeriert, wird in der Regel von einer Limited Edition gesprochen.

Replicas Durch ein spezielles Verschneiden von Whiskys einer Destillerie wird der olfaktorische und geschmackliche Charakter eines zumeist sehr alten Malts imitiert. Als Vorlage dienen dem Master Blender Original-Abfüllungen.

Single Cask In der Flasche einer Single Cask-Abfüllung findet sich ausschließlich der gereifte, unverschnittene Whisky eines einzigen Fasses.

Vintage Malts Zur Herstellung von Vintage Malts werden beim Verschneiden ausschließlich Whiskys eines Jahrgangs berücksichtigt.

Zum zehnten Geburtstag der ›Friends of Laphroaig‹ im Jahre 2004 bot die Destillerie den Mitgliedern mit einer elfjährigen Abfüllung eine wahre Rarität an. Dieser Whisky verfügte nicht nur über einen bemerkenswerten Charakter, sondern entwickelte sich aufgrund seiner geringen Auflage von nur 750 Flaschen rasch zu einem begehrten Sammlerobjekt.

Als Gegenpart zu diesen von der Industie initiierten Fangemeinden bestehen diverse unabhängige Vereinigungen, die sich neben dem ursprünglich keltischen Brauchtum einem korrekten Umgang mit der schottischen Whisky-Kultur und der Einhaltung traditioneller Produktionsmethoden verschrieben haben. Die wichtigsten unter ihnen sind die ›Scotch Malt Whisky Society‹ und die ›Keepers of the Quaich‹.

Die Wiederentdeckung der Whisky-Kultur führte auch zu einer erhöhten Nachfrage nach den Single Malts. Als Folge steigerten viele Brennereien ihren Ausstoß.

Auch einige geschlossene Destillerien mit zumeist großer Tradition öffneten nach Jahren wieder ihre Pforten und gingen erneut in Produktion.

Zu ihnen gehören unter anderem Ardbeg und Tobermory (Wiedereröffnung 1989), Benromach (1998), Glen Scotia (1999), Bladnoch und Bruichladdich (2001), Glendronach (2002) und Tullibardine (2003). In jüngster Zeit haben sogar zwei vollkommen neue Brennereien ihren Betrieb aufgenommen, nämlich Arran (1995) und Daftmill (2006). Der Bau weiterer neuer Brennereien ist derzeit in Planung (Ladybank, Blackwood und Ladyburn.

Gerade die wieder eröffneten und die jungen Destillerien bringen mit ihren neuen – und gelegentlich unkonventionellen – Ideen Bewegung in die schottische Whisky-Welt und beleben auf diese Weise das Geschäft.

In der Bauplanung der Arran-Destillerie wurde zum Beispiel ein Gourmet-Restaurant mit berücksichtigt, das heute tatsächlich einen hervorragenden Ruf genießt. Auf Islay setzt Bruichladdich mit vielen kreativen Ansätzen neue Trends. Dazu gehört eine Whisky-Akademie, bei der die Teilnehmer in einem mehrtägigen Workshop das gesamte Handwerk der Whiskyerzeugung erlernen können. Besuchern der Brennerei, die eine Flasche Bruichladdich erwerben möchten, steht es offen, sich diese selbst aus einem Fass abzufüllen. Bruichladdich beschreitet außerdem mit einigen Produkten neue Wege.

Der Whisky schmeckt natürlich dort am allerbesten, wo sein Ursprung liegt. Der grundlegende Charakter jedes Whiskys harmoniert gut mit dem rauen Klima der Inseln, den zerklüfteten Felslandschaften der Highlands und den weiten grünen Wiesen der Speyside.

Allein dieser Atmosphäre wegen reisen jedes Jahr zahlreiche Anhänger des keltischen Lebenswassers aus aller Welt nach Schottland. Auf dem Pfad des Whiskys – zum Beispiel dem ›whisky trail‹ in der Speyside – von Destillerie zu Destillerie wandelnd, lässt sich dem Getränk hervorragend huldigen.

Dabei sind Land und Leute mindestens genauso faszinierend wie die Single Malts, jedoch haben die Schotten mittlerweile erkannt, dass sich der ›Whisky-Tourismus‹ zu einem ernst zu nehmenden wirtschaftlichen Faktor entwickelt hat. So bieten die meisten Brennereien interessierten Reisenden gegen eine geringe Gebühr einen Rundgang durch die Produktionsstätten an.

Private Initiativen – wie die Umwandlung der ehemaligen Coleburn-Destillerie in ein Kultur- und Festivalzentrum mit Hotel, Restaurant und Bar – sollen und werden weitere Schottland-Fans anlocken und begeistern.

Für all diejenigen, denen der Weg nach Schottland zu weit ist, bieten hierzulande unzählige Whisky-Tastings und die Fachmessen in Limburg, Berlin, Frankfurt und München Gelegenheit, in Diskussionen und Verkostungen das eigene Fachwissen zu erweitern.

Ist es für den einen der höchste Genuss, sich durch die Whisky-Vielfalt hindurch zu probieren, so kann sich ein anderer bereits für das bloße Sammeln der verschiedenen Flaschen begeistern. Ein dritter schwärmt vielleicht schon seit Jahren von der Kultur der Kelten und ist erst auf einer Reise durch die bezaubernden Landschaften Schottlands auf den Geschmack des Whiskys gekommen.

Welcher dieser Gründe auch immer den Ausschlag geben mag – die Auseinandersetzung mit dem Thema Whisky ist eine spannende Beschäftigung, bei der es fortwährend Neues zu entdecken gibt.

Herstellung

Jeder Whisky ist einzigartig. Er spiegelt das komplexe Zusammenspiel der unberührten Natur seiner Herkunft, der ausgewählten Rohstoffe, des individuellen Herstellungsprozesses und der krönenden Fassreifung wider. Bei der Herstellung von Whisky trifft Tradition auf Technologie – unter Entfaltung einer unvergleichlichen Harmonie. Der Herstellung von Malt Whisky genügen vier Ausgangsprodukte: Wasser, Gerste, Hefe und Torf. Erstaunlich ist, dass aus diesen wenigen Zutaten ein wahrhaft komplexes Getränk entsteht. Von entscheidender Bedeutung für das Ergebnis ist die Qualität, das heißt die Beschaffenheit und Zusammensetzung der einzelnen Rohstoffe. Im folgenden soll näher darauf eingegangen werden, welche Rolle jeder der vier Bestandteile spielt.

Wasser

Das Brauwasser ist der mit Abstand wichtigste Bestandteil des Whiskys. Von seiner Qualität hängt der Geschmack des Endproduktes wie von keiner anderen Komponente ab. Das Wasser verleiht jedem Whisky seinen unverwechselbaren Charakter und macht ihn einzigartig. Es ist außerdem an den meisten Prozessschritten in der Produktion beteiligt.

Aus diesen Gründen wird bei der Herstellung von Whisky vielfach auf reines Quellwasser zurückgegriffen.

Schottland ist aufgrund seiner geologischen Gegebenheiten reich an weichem, reinem Quellwasser. Das Wasser sickert durch unzählige Schichten aus Granitfelsen und Sandstein, die über eine ausgezeichnete Filterwirkung verfügen. Das Brauwasser wird entweder aus oberirdischen Quellen oder aus Tiefbrunnen entnommen. Das Schicksal jeder Destillerie ist daher eng mit ihren Quellen verknüpft. Sollten die Quellwasser einer Destillerie eines Tages versiegen, so ist eine Fortführung ihrer Produktion undenkbar.

Bild (links): Brennblase Glenfiddich

Vor allem die Härte des Wassers spielt als Maßstab für den Calcium- und Magnesiumgehalt eine entscheidende Rolle.

Je härter das Wasser, desto mehr unerwünschte Nebenprodukte entstehen beim späteren Vergären.

Diese beeinflussen einerseits die Alkoholausbeute aus dem Gärprozess und andererseits die geschmacklichen Eigenschaften des Whiskys. Die meisten Destillerien verwenden ein sehr weiches Wasser. Ausnahmen bilden beispielsweise Glenmorangie und Highland Park, die ein vergleichsweise hartes Wasser einsetzen.

Gerste

In der Gerste sind alle Substanzen enthalten, die die Grundvoraussetzung für die Prozessschritte der Whiskyerzeugung bilden. So wird die Stärke beim Mälzen in Zucker umgewandelt, aus dem wiederum während der Gärung der Alkohol entsteht. Der typische Malzgeschmack kann in unterschiedlicher Ausprägung in den Single Malts wiedergefunden werden. Weitere in der Gerste enthaltene Aromastoffe runden das charakteristische Geschmacksbild des Endproduktes ab.

Die Brennmeister schwören auf ihre schottische Gerste, die in den schottischen Highlands unter erdenklich günstigen Bedingungen gedeiht. Insekten und weitere Schädlinge haben kaum eine Chance, den langen und kalten Winter zu überleben. Daher ist eine Behandlung des Korns mit Pestiziden und ähnlichen Mitteln nicht erforderlich. Aufgrund der langen schottischen Sommertage ist die Gerste imstande, einen höheren Gehalt an Stärke und Aromastoffen auszubilden.

Gegenwärtig wird ein wachsender Anteil der zur Whiskyproduktion benötigten Gerste aus England und Frankreich importiert. Im Gegensatz zum Brauwasser legen sich die Destillerien bei der Beschaffung der Gerste nicht auf ein spezielles Herkunftsgebiet und eine gewisse Sorte fest. Nur wenige Destillerien – darunter Macallan und Glengoyne – setzen seit längerem aus Tradition auf einen ganz bestimmten Gerstentyp, wie zum Beispiel ›golden promise‹.

Hefe

Hefen sind einzellige Mikroorganismen. Zur Durchführung ihrer lebensnotwendigen Stoffwechselvorgänge und zum Aufbau neuer Zellsubstanzen benötigen Hefen – wie alle anderen Zellen auch – Energie und Nährstoffe. Hefen können ihre Energie entweder in Anwesenheit von Sauerstoff durch Atmung aerob oder in Abwesenheit von Sauerstoff durch Gärung anaerob beziehen.

Der Energiegewinn aerober Stoffwechselvorgänge ist im Vergleich zu denen anaerober wesentlich effektiver und damit höher, da der Zucker vollständig verwertet werden kann. Bei der Atmung wird der Zucker restlos zu Kohlendioxid und Wasser abgebaut.

Als einziges Lebewesen kann die Hefe unter Luftabschluss mit Hilfe der alkoholischen Gärung Energie gewinnen und dadurch überleben. Der Energiegewinn ist dabei allerdings bei weitem nicht so groß wie bei der Atmung. Während der alkoholischen Gärung wird Zucker in Alkohol und Wasser umgewandelt.

Obwohl die Gärung bei der Herstellung von Whisky auch ohne den gesonderten Zusatz von Hefen ablaufen würde, setzt die Industrie diese ein. Hierdurch wird eine erhebliche Beschleunigung des Gärprozesses erzielt, was zu einer Reduzierung der Betriebskosten führt.

In der Industrie werden zur Herstellung von Whisky speziell gezüchtete Hefen verwendet. Diese können und sollen einen Geschmackseinfluss auf den Whisky ausüben. In Abhängigkeit des Hefetyps können sie dem Whisky einen fruchtigen, bitteren oder süßen Geschmack verleihen.

Torf

Der Torf stellt eine weitere wichtige Komponente bei der Whiskyerzeugung dar. Torf ist überall in den Moorlandschaften Schottlands anzutreffen und nicht zuletzt deswegen der traditionelle Brennstoff des Landes. Er entsteht aus verrotteten Moorpflanzen wie Heidekräutern, Moosen und Gräsern. Regen und Kälte sind bei seiner Entstehung Grundvoraussetzung. Das vom Boden aufgesogene Regenwasser treibt hierbei den Verrottungsprozess der Moorpflanzen voran.

Jedes Moor wächst pro Jahr um etwa einen Millimeter. Ist ein Moor 3 Meter stark, so ist es demnach etwa 3.000 Jahre alt. Manche Torfmoore verfügen gar über ein Alter von 10.000 Jahren und haben also im Laufe dieses Zeitraums eine Schichtdicke von 10 Metern gebildet. Das Torfstechen von Hand ist eine außergewöhnlich harte Arbeit. Die Masse wird mit einem eigens für diese Arbeit konzipierten Werkzeug in Form von Ziegeln aus dem Moor ausgestochen. Diese werden anschließend für zwei Wochen im umgebenden Heideland ausgelegt. Bevor der Torf zum Heizen geeignet ist, muss er noch einen Sommer lang getrocknet werden.

Der Bedarf an Torf ist mittlerweile so groß, dass er in Schottland auf großen Flächen industriell abgebaut und weiterverarbeitet wird. Früher verfügten die Destillerien über eigene Torfvorkommen.

Neben dem Mälzen fand der Torf vor allem beim Befeuern der Brennblasen Verwendung. Heutzutage wird Torf in den Destillerien nur noch selten als Brennstoff verwendet. Die Brennblasen werden heute mit effizienteren und ökologischeren Öl- oder Gasöfen beheizt.

Seinen Einsatz findet der Torf heute noch beim Mälzen. Hier wird er dem Darr- oder

Trockenfeuer zugegeben, um dem Malz den typisch torfigen Geschmack zu verleihen. Die heutigen Destillerien stehen dem Torfen ganz unterschiedlich gegenüber.

So gibt es durchaus Destillerien wie Glengoyne, die ihren Whisky aus Prinzip überhaupt nicht torfen. Andere hingegen bevorzugen ein dezentes Torfen des Malzes und wenige torfen ihren Whisky spürbar stark.

Der Torfcharakter eines Whiskys kann recht zuverlässig über den in ihm enthaltenen Phenolgehalt – der üblicherweise in parts per million (ppm) angegeben wird – bestimmt werden. Unter den Phenolen werden diejenigen aromareichen Bestandteile verstanden, die der Whisky aus dem Torfrauch aufnimmt. Chemisch betrachtet handelt es sich bei Phenolen um Derivate des Hydrocarbonats.

Zwischen Torfgehalt und regionaler Herkunft der Whiskys ist ein gewisser Bezug festzustellen. Typische Single Malts aus der Speyside weisen mit 2 bis 3 ppm Phenolgehalt lediglich eine leichte, solche von der Insel Islay mit 30 und mehr ppm eine signifikante Torfung auf.

Bruichladdich startete vor wenigen Jahren ein Projekt besonderer Art. In den Lagerhäusern der Destillerie auf der Isle of Islay reift momentan der mit einem Phenolgehalt von rund 80 ppm wohl torfigste Whisky in den Eichenfässern.

Die Destillerie taufte diesen Whisky, der voraussichtlich ab dem Jahr 2010 abgefüllt wird, auf den bezeichnenden Namen ›Octomore‹.

Herstellungsprozess

Während der Herstellung von Malt Whisky durchlaufen die Rohstoffe und Zwischenprodukte einzelne, zumeist voneinander völlig unabhängige Produktionsprozesse. Prinzipiell handelt es sich bei diesen Prozessen um die gleichen, nach denen das Lebenswasser bereits vor Jahrhunderten erzeugt wurde. Bedingt durch den technischen Fortschritt konnten die Verfahren im Laufe der Zeit verbessert und wirtschaftlich rationalisiert werden. Eine Ausnahme macht die Reifung in Holzfässern, die erst Mitte des 19. Jahrhunderts als fester Fertigungsschritt hinzukam. Zuvor diente die Fassabfüllung des Rohdestillats lediglich dem Transport und einer kurzfristigen Lagerung vor dem Ausschank.

Dem Mälzen der Gerste folgt das Maischen des Malzes, das unter Zugabe von Hefe zu gären beginnt. Zur Anreicherung des Alkohols wird mit der Destillation ein thermisches Trennverfahren eingesetzt, das sich heute am Computer weitgehend simulieren lässt.

Die Fassreifung gilt nach der Meinung von Fachleuten als der bedeutendste Prozessschritt bei der Erzeugung von Malt Whisky und liefert bisweilen unvorhersagbare Ergebnisse. Optional erfolgen vor der Abfüllung noch technisch exakt steuerbare Prozesse wie Verdünnung, Kühlfiltration und Zugabe von Farbstoff.

Um die Herstellung von Whisky ranken sich trotz eines guten Verständnisses der naturwissenschaftlichen Abläufe Mythen und Mystik.

Einerseits kommt dies der Vermarktung der Produkte zugute, andererseits gibt es tatsächlich ein paar wohlgehütete Geheimnisse, clevere Kniffe und individuelle Prozessparameter, die von den Produzenten nicht preisgegeben werden. Und – um ehrlich zu sein – macht doch genau das beim Genuss eines guten Single Malts einen gewissen zusätzlichen Reiz aus!

Mälzen

Der Zweck des Mälzens besteht darin, das Gerstenkorn künstlich zum Keimen zu bringen. Dabei wird die Stärke der Gerste in Zucker umgewandelt.

In der Regel erreicht das Gerstenkorn sechs bis acht Wochen nach der Ernte die optimale Keimfähigkeit. Nach dieser Zeit wird die Gerste in großen Tankbehältern etwa 36 Stunden lang in Quellwasser eingeweicht.

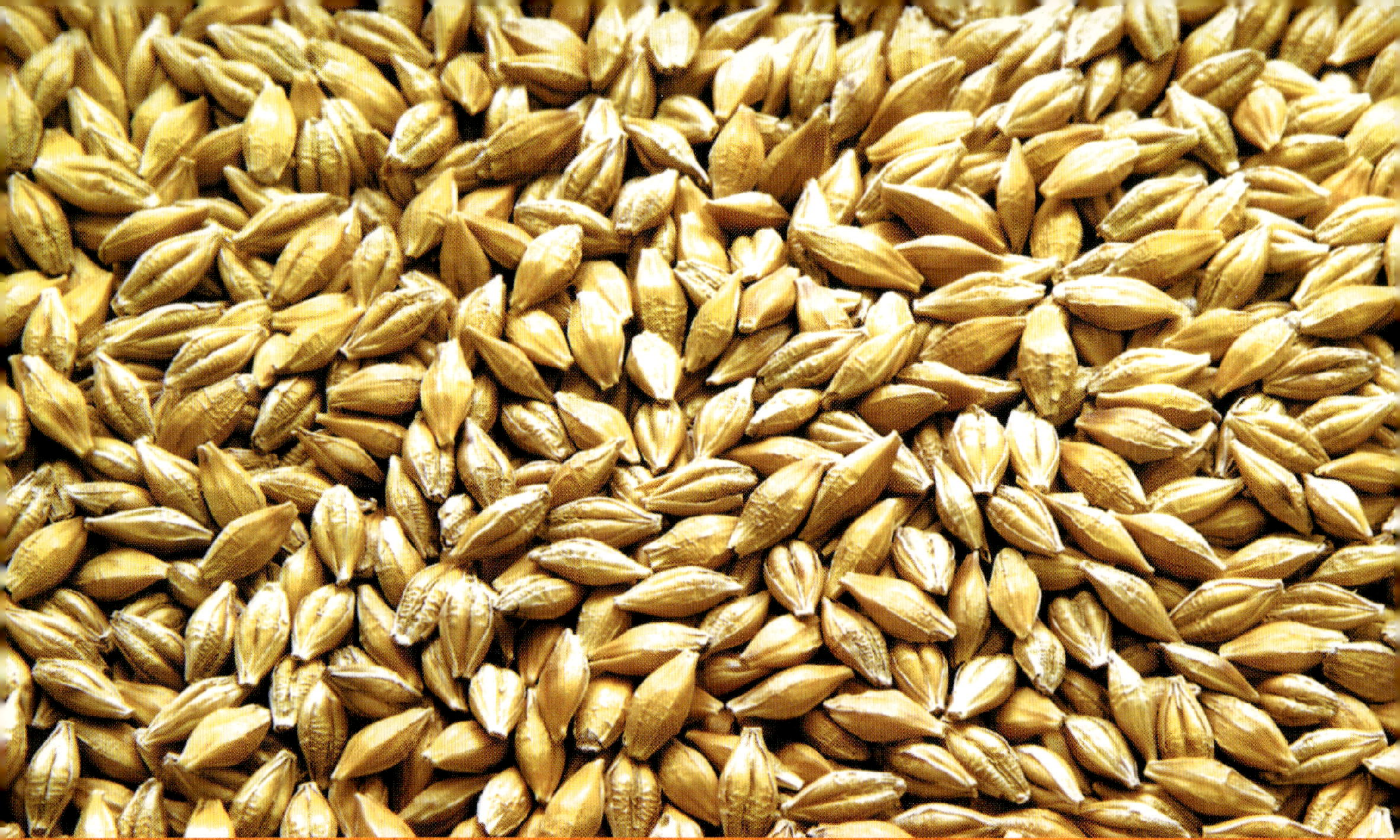

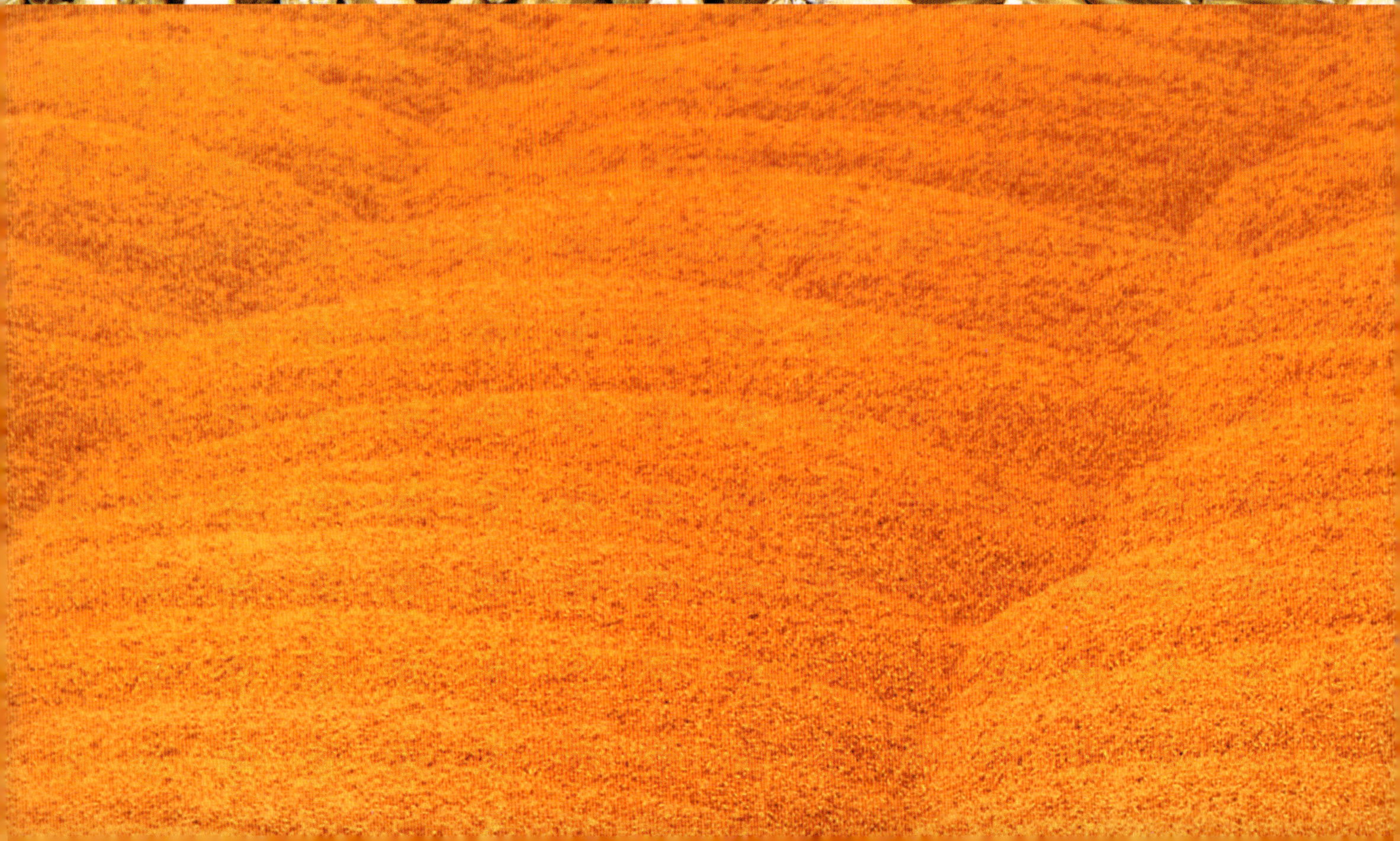

Die Anwesenheit von Wasser ist Voraussetzung für den anschließenden Keimprozess, da es bei der enzymatischen Umsetzung von Stärke in Zucker benötigt wird. Nach dem Einweichen verfügt die Gerste über einen Wassergehalt von ungefähr 45 Prozent.

Zur Keimung wird die Gerste in einer etwa 30 Zentimeter dicken Schicht auf dem Malzboden ausgebreitet. Das Korn beginnt zu treiben. Dabei wird Wärme freigesetzt. Dreimal täglich wird die Gerste mit Hilfe von Rechen und Holzschaufeln gewendet. Dies ist notwendig, um eine gleichmäßige Temperaturverteilung und Belüftung der Gerste zu gewährleisten. Außerdem wird auf diese Weise ein Schimmeln des Korns verhindert. Nachdem der Keim innerhalb von einer Woche nahezu die Länge des Korns erreicht hat und ein Großteil der Stärke in Zucker umgewandelt wurde, wird der Keimvorgang abgebrochen. Hierzu wird das gekeimte Gerstenkorn auf einem Darrboden verteilt. Der Darrboden besteht aus einem engmaschigen Rost, unter dem ein Ofen installiert ist. Als Brennstoff wird meist eine Mischung aus Kohle und Torf verwendet. Beim Befeuern entstehen Heißluft und Rauch. Das Korn wird bei einer Temperatur von 60 °C getrocknet und nimmt gleichzeitig die im Torfrauch enthaltenen Phenole auf.

Der Torfanteil im Brennstoff ist für den späteren Charakter des Whiskys von außerordentlicher Bedeutung. Nach ein bis zwei Tagen wird der Darrprozess beendet.

Die Darrböden werden im Englischen übrigens als „kiln" bezeichnet und stellen mit ihrer Pagodenform das Wahrzeichen vieler Destillerien dar. Mittlerweile erzeugen nur noch fünf Destillerien wenigstens teilweise ihr eigenes Malz, nämlich Highland Park auf den Orkney Islands, Balvenie in der Speyside, Bowmore und Laphroaig auf Islay und Springbank auf der Halbinsel Kintyre. Die übrigen Destillerien beziehen ihr Malz von großen Mälzereien.

Maischen

Beim Maischen wird der im Malz enthaltene Zucker in drei Kochvorgängen ausgelöst. Es entsteht die Würze – eine zuckerhaltige Flüssigkeit – die im Englischen als „wort" bezeichnet wird.

In der Destillerie wird das getrocknete Malz in einer Rüttelmaschine von Verunreinigungen getrennt und auf Schädlingsbefall untersucht. Danach gelangt es in eine zumeist alte Mühle. In dieser bricht ein erster Walzensatz zunächst die Schale des Malzes auf. Ein zweiter Walzensatz mahlt das Malz zu einem groben Schrot. Der Mahlgrad dieses Schrotes muss sorgfältig überwacht werden. Sollte er zu grob sein, kann der Zucker in Folge nicht optimal ausgelöst werden. Ist er zu fein, nimmt der Maischprozess erheblich mehr Zeit in Anspruch.

Als Ergebnis des Mahlens entstehen drei Fraktionen, die Schalen (husk) zu etwa 15 Prozent, das Schrot (grist) zu etwa 75 Prozent und das Mehl (flour) zu etwa zehn Prozent. Aus der Mühle wird das Schrot meist direkt in die Maischpfanne überführt, die vorwiegend aus Edelstahl gefertigt ist. Um eine Klumpenbildung während des Maischvorgangs zu vermeiden, ist die Pfanne mit einem Rührwerk ausgestattet. Ihr Boden ist zudem vollständig mit Siebplatten ausgelegt, mit deren Hilfe die Würze vom Malzschrot getrennt werden kann. Die Würze wird in einem Sammelbehälter – dem so genannten „underback" – aufgefangen.

Am häufigsten trifft man in den Destillerien auf einen dreistufigen Maischprozess. Zu Beginn wird das Schrot in der Maischpfanne mit 64 °C warmem Wasser vermischt. Diese Stufe bezeichnet der Fachmann als „Alpha-Amylase".

Nachdem die Würze komplett aus dem Malzschrot durch die Siebplatten in den underback abgezogen wurde, wird die zweite Stufe durch Zugabe von 72 °C temperiertem Wasser gestartet. Wiederum wird die Würze in den underback abgezogen, man spricht von der „Beta-Amylase".

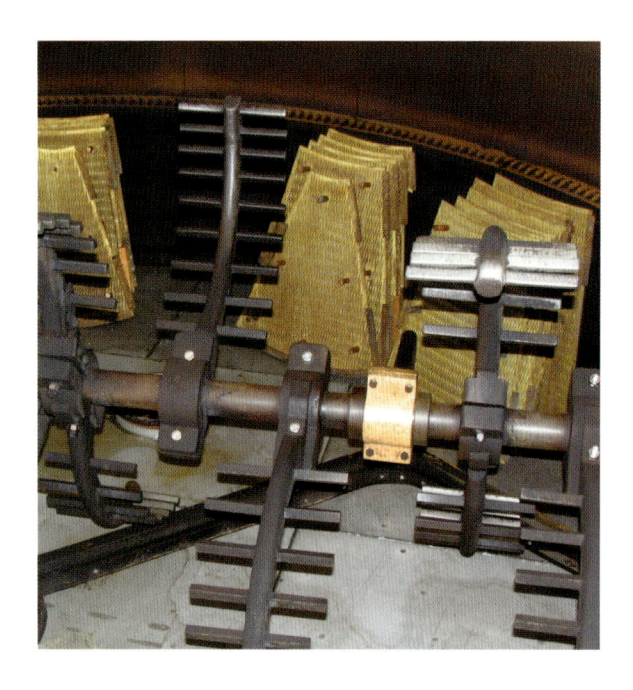

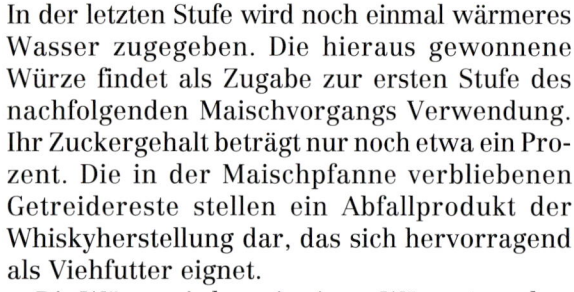

In der letzten Stufe wird noch einmal wärmeres Wasser zugegeben. Die hieraus gewonnene Würze findet als Zugabe zur ersten Stufe des nachfolgenden Maischvorgangs Verwendung. Ihr Zuckergehalt beträgt nur noch etwa ein Prozent. Die in der Maischpfanne verbliebenen Getreidereste stellen ein Abfallprodukt der Whiskyherstellung dar, das sich hervorragend als Viehfutter eignet.

Die Würze wird nun in einem Wärmetauscher auf 22 °C abgekühlt und in einen Gärbehälter – den „wash back" – gepumpt.

Gärung

Das Ziel der Gärung ist die Umwandlung von Zucker in Alkohol. Dieser Vorgang wird durch die gezielte Zugabe von Hefe beschleunigt. Die Hefe setzt zu ihrer Energiegewinnung den in der Würze enthaltenen Zucker in Alkohol und Kohlendioxid um. Dabei vermehrt sie sich rasch.

Bei der Gärung wird Energie freigesetzt, was sich durch ein starkes Schäumen und Brodeln der Flüssigkeit bemerkbar macht. Um ein Überkochen der Würze zu vermeiden, wird der „wash back" zu Beginn lediglich zu zwei Dritteln gefüllt. Ist der Zucker verbraucht, beruhigt sich die Flüssigkeit und die Gärung neigt sich dem Ende entgegen.

Der ganze Vorgang zieht sich je nach Destillerie über einen Zeitraum von zwei bis vier Tagen. Am Ende der Gärung ist eine bierähnliche Flüssigkeit entstanden, die als „wash" bezeichnet wird. Mit einem Alkoholgehalt von ungefähr acht Prozent ist diese allerdings etwas stärker als gewöhnliches Bier. Der Gärbehälter ist traditionell aus Lärchen- oder Kiefernholz gefertigt. Einige Destillerien testeten Edelstahlbehälter, wie sie in der Bierindustrie zum Einsatz kommen, kehrten jedoch schon bald zu den herkömmlichen Behältern zurück.

Destillation

Alkohol siedet bereits bei 79 °C und ist damit leichter flüchtig als Wasser. Diese physikalische

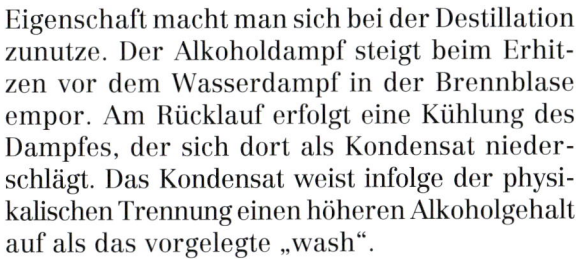

Eigenschaft macht man sich bei der Destillation zunutze. Der Alkoholdampf steigt beim Erhitzen vor dem Wasserdampf in der Brennblase empor. Am Rücklauf erfolgt eine Kühlung des Dampfes, der sich dort als Kondensat niederschlägt. Das Kondensat weist infolge der physikalischen Trennung einen höheren Alkoholgehalt auf als das vorgelegte „wash".

Ein einziger Destillatonsschritt reicht allerdings nicht aus, um die bei der Whiskyerzeugung gewünschte Alkoholmenge zu erhalten. Daher schließt sich an die erste Destillation mindestens noch eine zweite an. In der Destillerie werden zu diesem Zweck zwei Arten von Brennblasen eingesetzt. Zum einen die „wash still", die bei der ersten Destillation verwendet wird, und die „spirit still", die bei der zweiten Destillation zum Einsatz kommt.

Im Mittelalter noch verfügten die Destillerien nur über eine Brennblase, in der die beiden notwendigen Durchläufe hintereinander durchgeführt werden mussten.

Während der ersten Destillation in der „wash still" wird das „wash" vom Wasser, der Hefe und anderen Stoffen getrennt.

Die Brennblase wird nur zur Hälfte gefüllt, um der Flüssigkeit ein Ausdehnen und Aufschäumen beim Erhitzen zu ermöglichen. Durch kleine Sichtfenster an der Brennblase ist der Brennmeister in der Lage, das Aufschäumen zu überwachen. Ein übermäßiges Aufschäumen der Vorlage ist zu vermeiden, da ansonsten unerwünschte Stoffe über den Rücklauf ins Destillat gelangen können. Der erste Destillationsvorgang wird abgebrochen, sobald der Alkoholgehalt der Vorlage nur noch ein Prozent beträgt.

Das gewonnene Destillat nennt der Brennmeister die „low wines". Sie weisen einen Alkoholgehalt zwischen 22 und 24 Prozent auf und werden über Rohrleitungen zur zweiten Destillation in die „spirit still" weitergeleitet.

Beim zweiten Destillationsvorgang erfolgt eine Trennung der „low wines" von Fuselölen und Giftstoffen. Diese liegen vor allem zu Beginn und

Mälzereien

Da das Mälzen ein besonders aufwändiger und Platz beanspruchender Prozess ist, wurde er von den meisten Destillerien ausgegliedert. Sogar die fünf verbliebenen Brennereien mit einer eigenen Malzproduktion beziehen den größeren Teil ihres Malzes von einer der großindustriellen Mälzereien (engl. maltings). Bei den Port Ellen Maltings auf Islay und den Glen Esk Maltings in den Eastern Highlands handelt es sich selbst um ehemalige Destillerien. Port Ellen stellte die Whiskyproduktion im Jahre 1983 ein und erklärte sich in einem 1987 vereinbarten Abkommen bereit, alle Brennereien auf Islay mit gemälzter Gerste zu beliefern. Glen Esk – eine Mälzerei im Besitz von Diageo – verarbeitet seit nunmehr 1985 ausschließlich Gerste zu Malz. Die Mälzerei Muir of Ord in den Northern Highlands gehört nicht nur zur Glen Ord Distillery, ihre Gebäude befinden sich sogar unmittelbar neben denen der Brennerei. Weitere Bedeutung besitzen noch Burghead Maltings und die am Moray Firth in der Speyside gelegenen Roseisle Maltings.

Das Mälzen folgt in diesen Betrieben weitgehend industrialisierten Verfahren. Üblicherweise läuft die Keimung nach dem Einweichen der Gerste in Wasser unter ständiger Luftzufuhr in riesigen perforierten Keimungstrommeln ab. Durch ein Rotieren der Trommeln wird die enthaltene Gerste mehrmals täglich durchmischt. Im Anschluss an die rund sechs Tage währende Keimung erfolgt eine Trocknung in kilns. Nach einer Darrzeit von knapp zwei Tagen wird das Malz vor der Auslieferung noch einem abschliessenden Reinigungsvorgang unterzogen.

Die Mälzereien richten sich bei der Produktion streng nach den Vorgaben der jeweilig zu beliefernden Destillerie, da sowohl die Art der verwendeten Gerste wie auch Keimdauer, Brennstoff, Darrzeit und weitere Prozessvariablen beim Mälzen mit über den späteren Geschmack des Whiskys entscheiden können.

am Ende des Durchlaufs konzentriert vor. Aus diesem Grund wird das Destillat in drei Phasen unterteilt, den Vorlauf (auch „head" oder „foreshot" bezeichnet), den Mittellauf (auch „heart" oder „middle cut" genannt) und den Nachlauf (im Englischen auch als „tail" oder „faints" geläufig). Vor- und Nachlauf werden zusammengefasst und den „low wines" in der Brennblase zur erneuten Destillation wieder zugeführt. Der Mittellauf wird in einen Sammelbehälter zur späteren Fassabfüllung geleitet und verfügt über einen Alkoholgehalt zwischen und 65 und 72 Prozent.

Zur Trennung der drei Phasen findet in der Destillerie der sogenannte „spirit safe" Verwendung. Der Brennmeister kann mit seiner Hilfe das Destillat verschiedenen Tests zur Qualitätskontrolle unterziehen und die Weichen zur Trennung der unterschiedlichen Phasen des Durchlaufs stellen. Hier sind die Fertigkeiten des Brennmeisters in besonderem Maße gefragt, denn sollten unerwünschte Stoffe in den „middle cut" gelangen, wirkt sich dies direkt negativ auf Geschmack und Qualität des Whiskys aus. Der „spirit safe" selbst ist in einen Glaskasten mit Messing- oder Kupferrahmen gefasst. Im „spirit safe" wird die durchlaufene Rohwhiskymenge gemessen, auf die entsprechend Steuern zu entrichten sind. Um Schwarzbrennerei vorzubeugen, ist der „spirit safe" mit einem Schloss verriegelt. Über den Schlüssel wacht einzig und allein der Brennmeister, der damit die gesamte Verantwortung über die Whiskydestillation trägt.

Das „still house" mit seinen kupfernen Brennblasen bildet das Herzstück einer jeden Destillerie. Form, Größe und Winkel des Rücklaufs der Brennblasen variieren von Destillerie zu Destillerie. Nicht zuletzt wegen dieser individuellen Konstruktion der Brennblasen erhält jeder Single Malt seinen unverkennbaren Geschmack.

Lediglich das Kupfer konnte sich aufgrund seiner hervorragenden Wärmeleitfähigkeit als

Werkstoff für die Blasen einheitlich durchsetzen. Bei der Gärung mit reduzierter Stammwürze entsteht in manchen Destillerien eine „wash" mit nur vier bis fünf Prozent Alkohol. Um den zur Fassreifung erforderlichen Alkoholgehalt zu erzielen, kann in diesem Fall sogar noch ein dritter Destillationsvorgang erfolgen.

Fassreifung

Das Fass liefert einen weiteren wichtigen Faktor für den späteren Charakter des Whiskys. Während der Reifezei nimmt der Whisky Gerbstoffe aus dem Eichenholz des Fasses auf. Dieser Vorgang steigert seine Komplexität und verhilft ihm zu seinem Duft, seiner Farbe und seinem Aroma.

Vor dem Abfüllen wird der Alkoholgehalt des Rohwhiskys in einigen Destillerien durch die Zugabe von Quellwasser auf 62 bis 65 Prozent abgesenkt, da festgestellt werden konnte, dass sich auf diese Weise eine schnellere Reifung erzielen lässt. Nach der Verdünnung wird der Rohwhisky in gebrauchte Eichenfässer abgefüllt.

Bei der Reifung schottischer Single Malts finden überwiegend Fässer aus der amerikanischen Bourbon-Produktion Verwendung. Diese dürfen laut dortigem Gesetz nur ein einziges Mal zur Erzeugung von Bourbon eingesetzt werden. Vor der Erstabfüllung mit Bourbon werden die Fässer von innen ausgekohlt, um die Abgabe von unerwünschten Aromen aus dem Holz zu reduzieren. Das Vanillin hingegen hat es nun leichter, sich aus dem Holz zu lösen und dem Bourbon seinen typischen Vanillegeschmack zu verleihen.

Neben den Bourbon-Fässern ist traditionell auch der Einsatz spanischer Sherry-Fässer sehr populär. Die Macallan-Destillerie verwendete zum Beispiel bis vor kurzem ausschließlich Sherry-Fässer zur Reifung ihres Whiskys.

Zur Einsparung von Kosten werden die Fässer meist mehrfach zur Reifung genutzt. Im Laufe der Jahre schwächt sich der Einfluss eines Fasses auf den Whisky jedoch merklich ab. Nach jeder Leerung werden die Fässer zerlegt und das Holz auf weitere Nutzbarkeit hin untersucht.

Während der Reifung des Whiskys im Lagerhaus sind Fasstyp und Fassgröße, Temperatur und Luftfeuchtigkeit der Umgebung sowie der Alkoholgehalt wichtig.

Von großer Bedeutung für den Reifeprozess sind konstante Umgebungsbedingungen mit ganzjährlich gleich bleibender Temperatur. Herkömmlich findet er in niedrigen Lagerhäusern – den „ware houses" – mit Naturboden statt, in denen die Fässer in drei bis vier Lagen übereinander gestapelt werden. Größere Destillerien haben mittlerweile auch vollklimatisierte Hochregallager errichtet.

Selbstverständlich unterscheiden sich die Whiskys aus den alten Lagerhäusern in Geschmack und Charakter wesentlich von denen, die in den industriellen Gebäuden gereift werden, obwohl dort mit Hilfe der Technik jedes Klima und jede Umgebung simuliert werden kann.

Der lokale Einfluss traditioneller Lagerhäuser auf den Whisky ist deutlich spürbar. In einem unmittelbar am Meer gelagerten Whisky wird man ganz sicher Geschmackseigenschaften von Meersalz und Seetang wieder entdecken können. Dagegen werden in einem Whisky aus der Speyside mit ihren saftigen Wiesen immer Aromen typischer Kräuter und Gräser zu finden sein.

Der Transfer der Aromen ist durch die Holzporen der Eichenfässer möglich. Die Luft ist auf diesem Wege genauso in der Lage, in das Fass einzutreten, wie auch ein Teil des Whiskys durch Verdunstung aus dem Fass herausgelangen kann. Dadurch verliert der Whisky jedes Jahr rund 1,5 bis zwei Prozent an Alkohol und Inhalt. Diese Verlustmenge bezeichnen die Schotten liebevoll als „angels' share".

Grundsätzlich verfügt jede Destillerie über mehrere Lagerhäuser. Die Fässer eines Jahrgangs werden nie in einem einzelnen Lagerhaus »

STILL No. 2
CONTENTS 3630 LITRES
LOW WINES & FEINTS
STILL No. 3
STILL No. 4

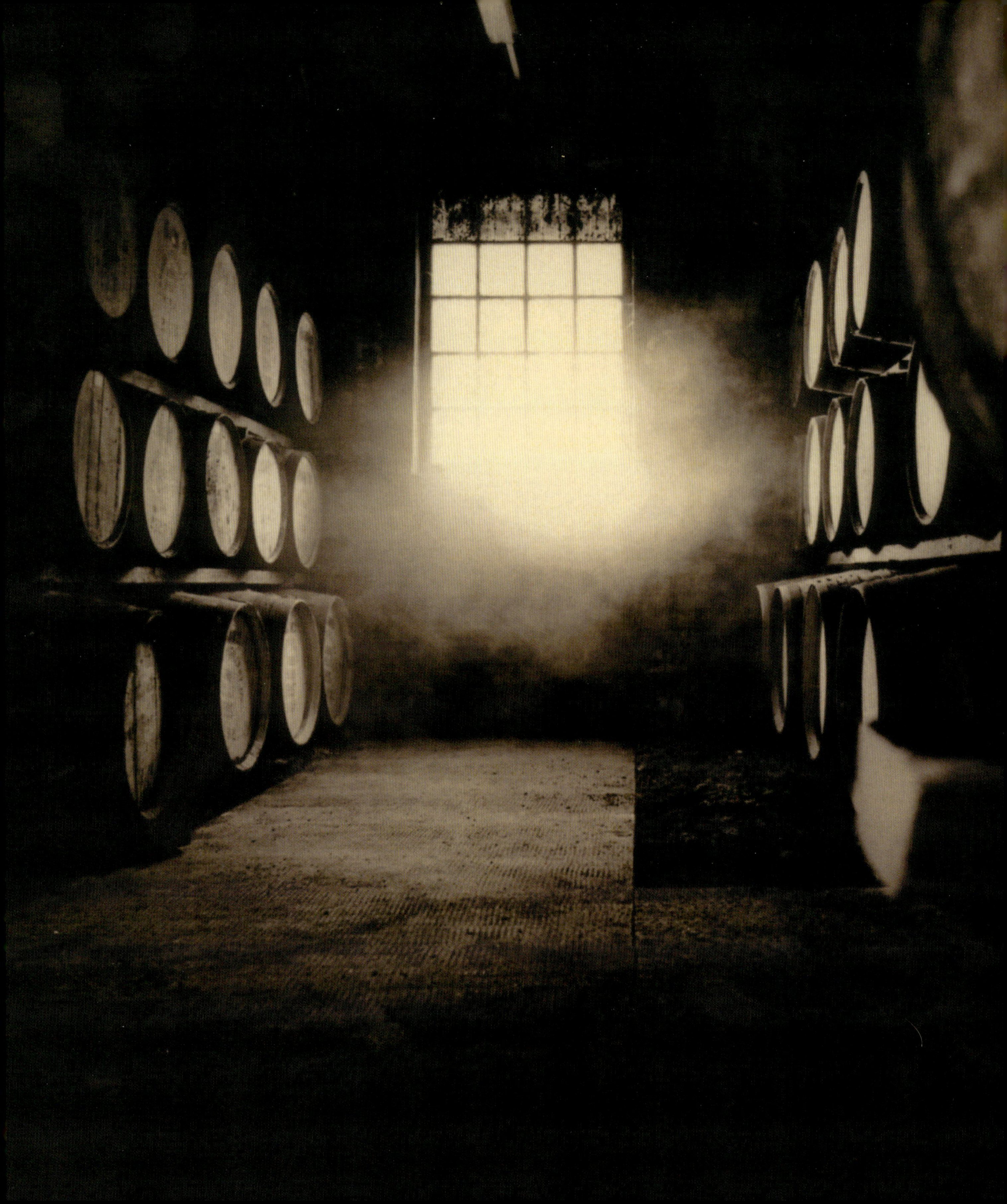

Kleine Fasskunde

Keine zwei Fässer, in denen der Whisky zur Reifung lagert, sind einander gleich. Als Material für die Fässer findet üblicherweise Eichenholz Verwendung. Eichenholz ist ein Naturprodukt und somit ergeben sich immer Schwankungen seiner Dichte, Qualität und Porosität. In wissenschaftlichen Studien kam man zu dem Ergebnis, dass das geschmackliche Aromabild eines Single Malts zu gut zwei Dritteln von der Wahl des Fassholzes und dem Reifeprozess bestimmt wird. Der gleiche Whisky, in unterschiedlichen Fässern gelagert, kann daher zu einem vollkommen anderen Geschmacksergebnis führen. Je nach Herkunft des Fasses wird zu seiner Herstellung auf weiße, amerikanische Eiche (quercus alba), spanische Eiche (quercus falcata) oder französische Eiche (quercus cerris) zurückgegriffen. In der schottischen Whiskyproduktion kommen nur gebrauchte Eichenfässer zum Einsatz. In amerikanischen Fässern lagerte zuvor für eine Zeit von mindestens vier Jahren Bourbon Whiskey. Ihr Fassungsvermögen beträgt 254 Liter (Hogshead) oder 190 Liter (Standard Barrel). Kommen die Fässer aus Spanien, so reifte in ihnen bereits Oloroso-, Fino- oder Amontillado-Sherry. Sie fassen 558 Liter (Puncheon) oder 500 Liter (Butt). Vor ihrer Reise nach Schottland werden die Fässer übrigens zerlegt und erst nach der Ankunft in einer Böttcherei wieder zusammengefügt.

» untergebracht, sondern immer untereinander vermischt. Diese Vorgehensweise hat zwei Gründe. Im Falle eines Brandes beugt man so zum einen dem Verlust eines gesamten Jahrgangs vor. Zum anderen kann zwischen einem jungen Whisky, der neben einem alten lagert, ein Aromatransfer durch Verdunstung und Diffusion stattfinden. Beim Besuch eines Lagerhauses kann dieser Geruch in der Luft wahrgenommen werden.

Nach schottischem Gesetz darf sich ein Destillat nach einer dreijährigen Reifezeit Whisky nennen. Die im Handel erhältlichen Produkte haben allerdings üblicherweise eine weitaus längere Reifezeit in den Lagerhäusern hinter sich. Mit zunehmendem Alter wird der Geschmack des Whiskys immer ausgewogener und abgerundeter. Aufgrund der kontinuierlichen Verdunstung reduziert sich der Fassinhalt über die Jahre zum Teil erheblich, womit sich der Wert des Whiskys erhöht.

Im Anschluss an den Reifeprozess im Fass verfügt der Whisky zumeist noch über einen Alkoholgehalt zwischen 50 und 60 Prozent. Sein exakter Gehalt hängt von der Dauer der Lagerung und dem Zustand des Fasses ab.

Abschließend sei erwähnt, dass es auch eine zeitliche Lagerbegrenzung für den Whisky gibt. Sollte der Alkoholgehalt während der Lagerung nämlich unter die Grenze von 40 Prozent fallen, darf das Destillat nach schottischem Recht nicht mehr als Whisky verkauft werden. Bis es allerdings soweit kommen kann, muss man dem Whisky in der Regel eine Lagerzeit von rund sechs Dekaden zumuten.

Abfüllung

In regelmäßigen Abständen findet während der Fassreifung eine Probeentnahme des Whiskys statt. Dabei wird der Reifefortschritt jedes Fasses untersucht. Geeignete Fässer werden vom „Master Blender" ausgewählt, für die Flaschenabfüllung freigegeben und ihr Inhalt in einem großen Behälter, der mit einem Rührwerk ausgestattet ist, miteinander vermischt. Dieser Vorgang wird als Verschneiden bezeichnet.

Ziel des Verschneidens ist es, gleich bleibende olfaktorische wie geschmackliche Eigenschaften eines Produktes zu wahren. Diese Aufgabe stellt außerordentliche Anforderungen an die Fertigkeiten des „Master Blenders", der bei der Ausübung seiner Arbeit ausschließlich seinen Geruchssinn einsetzt. Diese hohe Handwerkskunst wird häufig innerhalb einer Familie von Generation zu Generation weitergegeben. Verzichtet man auf das Verschneiden, würden verschiedene Chargen eines Single Malts ganz unterschiedlich schmecken.

Dem Whisky wird danach demineralisiertes Wasser zugegeben, um ihn auf einen konstanten Alkoholgehalt zu verdünnen. Je nach Exportmarkt sind dies meist 40 oder 43 Prozent.

Viele Destillerien unterziehen den Whisky vor der Flaschenabfüllung noch einer Kühlfiltration, bei der Schweb- und Trübstoffe aus dem Destillat ausgefiltert werden. Zu einer einheitlichen Farbgebung des Produkts wird der Whisky darüber hinaus noch gelegentlich mit geschmacksneutralem Zuckerkulör versetzt. Dies ist in Deutschland auf der Verpackung allerdings mit anzugeben.

Nur in dem Fall, dass der miteinander verschnittene Whisky aus einer einzelnen Destillerie stammt, handelt es sich bei dem Erzeugnis um einen Single Malt. Ist auf dem Label eine Altersangabe abgedruckt, wie zum Beispiel beim Lagavulin mit 16 Jahren, so hat der jüngste beim Verschneiden verwendete Whisky eine Reifezeit von mindestens 16 Jahren hinter sich.

Die eigentliche Flaschenabfüllung findet zum größten Teil in zentralen Abfüllbetrieben in Edinburgh oder Glasgow statt. Nur noch wenige Destillerien – wie Glenfiddich, Bruichladdich, Springbank – betreiben eine eigene Abfülllinie.

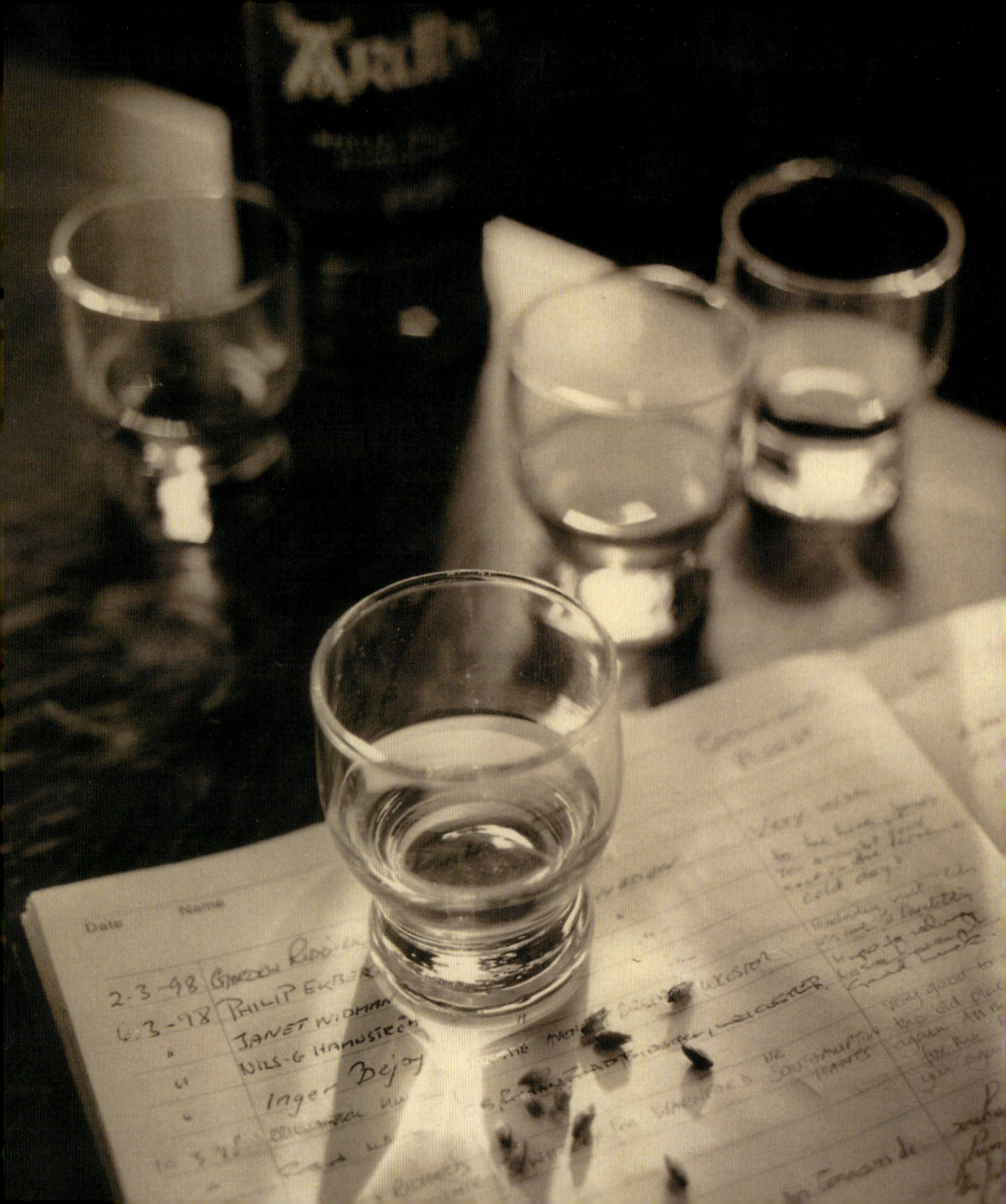
Date
Name

Sensorik & Degustation

Auch wenn es der ein oder andere Wildwestfilm so suggeriert – Whisky wird nicht einfach so hinuntergekippt! Im Gegenteil, der Genuss eines Single Malts erfordert Konzentration und ein wenig Zeit. Das geht so weit, dass der Kenner beim Whisky nicht von ›trinken‹, sondern von ›verkosten‹ spricht. Der Vorgang des Verkostens wird in der Fachsprache als ›Degustation‹ bezeichnet und folgt einem mehr oder weniger definierten Ablauf. Auf diese Weise kann sich dem Genießer das gesamte Aromaspektrum eines Single Malts eröffnen.

Die menschlichen Sinne sind sehr sensibel und liefern zugleich schnell verfügbare Resultate. Im Zusammenspiel mit der Fähigkeit zur Unterscheidung und Reproduzierbarkeit von Ergebnissen stellt sich der Mensch als ausgezeichnetes Messinstrument dar.

Seit langem schon wissen Fachleute, dass Sensorik für jedermann erlernbar ist. Letztendlich werden bei der Sensorik die Sinne des menschlichen Körpers zur Reizaufnahme bewusst eingesetzt, die Eindrücke bewertet und vom Gehirn entsprechend festgehalten. Beim Verkosten von Single Malts handelt es sich vor allem um ein Training des Erinnerungsvermögens. Die Rezeptoren der Sinnesorgane melden ihre Eindrücke an das Gehirn, welches diese mit ähnlichen oder identischen Einträgen im Gedächtnisarchiv vergleicht. Der Gesamteindruck wird dann entweder im bereits bestehenden Gedächtnisarchiv unter dem bekannten Eintrag abgelegt oder als neuer Eintrag in einer weiteren Akte angelegt. Durch kontinuierliches Training kann man die Sinneswahrnehmungen schärfen, sowie deren Messergebnisse verbessern und stabilisieren.

Die Teilnahme an einem Whisky-Tasting erleichtert den Einstieg in die sensorische Verkostung. Tastings werden mittlerweile vielerorts in regelmäßigen Abständen angeboten. Veranstaltungsorte und Termine sind leicht über den Fachhandel oder auch via Internetsuchmaschine in Erfahrung zu bringen.

Die Sinne

Der Mensch verfügt über fünf Sinne. Dies sind der Tastsinn, der Geruchssinn, der Geschmackssinn, der Gesichtssinn und der Gehörsinn.

Die Sinnesaufnahme erfolgt über physikalische und chemische Reize, die mit Hilfe der Sinnesorgane Augen, Ohren, Nase und Zunge wahrgenommen werden können.

Darüber hinaus übernehmen auch die über den ganzen Körper verteilten Hautzellen eine Funktion der Reizaufnahme. Physisch betrachtet erfolgt die Aufnahme von Eindrücken anhand in den verschiedenen Sinnesorganen befindlicher Rezeptoren. Diese zeichnen sich gegenüber anderen Nervenzellen durch ihre erhöhte Reizempfänglichkeit sowie eine größere Empfindlichkeit aus. Auf bestimmte Reize reagieren sie unterschiedlich stark.

Der menschliche Organismus verfügt über eine große Anzahl an Rezeptoren, die den einzelnen Sinnesorganen zugeordnet sind und entsprechende Sinneseindrücke wahrnehmen können.

Der Gesichtssinn

Unter dem Gesichtssinn wird prinzipiell die Erfassung von visuellen Informationen mittels des Auges verstanden. Die visuellen Sinneseindrücke umfassen die Gesamtheit aller wahrnehmbaren Merkmale wie Farbe, Form und Besonderheiten.

Die Farbinformation eines Objekts setzt sich aus dessen Helligkeit, seinem Farbton und dem Sättigungsgrad zusammen. Die Form wird durch ihre Struktur und die äußere Beschaffenheit geprägt. Das Auge liefert darüber hinaus auch Aussagen über zusätzliche optische Merkmale eines Objekts wie Glanz, Opaleszenz, Trübung und Fettaugen.

Die erste Sinneswahrnehmung sowohl beim Trinken als auch bei vielen anderen Tätigkeiten und Aktivitäten erfolgt über das Auge. Bei einer Verkostung kommt es bereits vor der Prüfung auf Geruch oder Geschmack des Getränks unterbewusst zu einer ersten Entscheidung über Akzeptanz oder Ablehnung.

Dieser Beurteilung liegen überwiegend ästhetische Gesichtspunkte zugrunde. Die Farbe erweckt beispielsweise Assoziationen zur Qualität und Genusstauglichkeit. Kräftige Farbtöne fungieren als Indikator für einen hohen Gehalt an qualitätsbestimmenden Zutaten.

Blasse Farben hingegen verleiten zu Vorurteilen bis hin zur qualitativen Abwertung. Verfärbungen weisen auf eine beginnende oder akute Verdorbenheit hin.

Single Malts verfügen über ein sehr breites Farbspektrum. Es reicht von wasserklar – direkt nach der Destillation – über Gold- und Bernsteintöne bis hin zu schwarz. Den wesentlichen Beitrag für die Farbgebung leisten die während der Lagerzeit verwendeten Fässer und die Dauer des Reifeprozesses.

Ein junges Sherryfass erwirkt beispielsweise eine deutlich dunklere Farbe als ein älteres Bourbonfass.

Setzt man einen Whisky zum ersten Mal Minustemperaturen aus, so opalisieren Schwebstoffe, die sich im Destillat nicht wieder lösen können. Um beim Konsumenten den Verdacht auf einen qualitativen Mangel zu verhindern, werden die meisten Whiskys vor ihrer Abfüllung einer Kühlfilterung unterzogen. Bei diesem Vorgang wird der Whisky künstlich abgekühlt, um die entstehenden Schwebstoffe aus dem Destillat herausfiltern zu können.

Außerdem werden die meisten Single Malts vor der Flaschenabfüllung mit geschmacksneutralem Zuckerkulör nachgebessert, um eine einheitliche Farbgebung der Produkte zu erzielen.

Der Gehörsinn

Die auditiven Sinneseindrücke umfassen die durch das Ohr vermittelten Wahrnehmungen. Beim Genuss eines Single Malts kommt diese Sinneswahrnehmung allerdings kaum zum Einsatz.

Auditive Reize entstehen zum Beispiel beim Einschenken und Schwenken eines Glases, allein daran können einige Experten einen Whisky erkennen. Weitere Klang- und Geräuschquellen entstehen beim Benetzen der Kehle und dem Schluckvorgang.

Der Geruchssinn

Die olfaktorischen Eindrücke werden mit dem Geruchssinn erfasst. Geruchsempfindungen werden durch flüchtige und lösliche chemische Verbindungen hervorgerufen.

Das Geruchsorgan des Menschen ist die Nase. Sie wird durch die Nasenscheidewand in einen linken und einen rechten Raum getrennt. Faszinierenderweise riechen Linkshänder links und Rechtshänder rechts besser.

Nach heutigen Erkenntnissen findet die Auslösung eines sensorischen Reizes durch direkten Kontakt eines Geruchsstoffes mit den Elementen der Rezeptormembran in den Riechhaaren der Nasenhöhle statt. Der Mensch verfügt über Millionen von Riechzellen, die alle 60 Tage erneuert werden. Die Riechzellen sind spezialisiert und reagieren jeweils nur auf bestimmte Reize, die mit im Gehirn gespeicherten Geruchsmustern verglichen werden. Verständlicherweise gibt es eine Vielzahl unterschiedlicher Gerüche, die in noch keinem wissenschaftlichen Werk vollständig erfasst und klassifiziert werden konnten. Insgesamt geht man jedoch von etwa 10.000 verschiedenen Gerüchen aus. Trotz umfangreicher wissenschaftlicher Studien und einiger theoretischer Ansätze konnte sich die Fachwelt noch nicht auf eine grundlegende Festlegung von Primärgerüchen einigen.

Das Erriechen einer Whiskyprobe wird in der Fachsprache auch ›Nosing‹ genannt. Um die Aufnahme der Duftstoffe eines Malt Whiskys zu erleichtern, wurden von verschiedenen Herstellern speziell geformte Nosinggläser entwickelt.

Während der Probe sollte man das Glas nicht direkt unter die Nase halten, sondern einen gewissen Abstand einhalten. Die Gerüche eines Single Malts können mitunter sehr intensiv sein

Bild (oben): Einsatz des Geruchssinns beim Blenden
(John Ramsay, Chief Blender der ›Edrington Group‹)

und dadurch unangenehm stechende, schmerzhafte Eindrücke in der Nasenhöhle erzeugen.

Beim „Nosing" ist es ratsam, die Probe zuerst pur und anschließend mit wenig stillem Wasser verdünnt zu testen. Auf diese Weise kann das komplette Geruchsspektrum besser erschlossen werden. Durch die Zugabe von Wasser werden nämlich weitere Aromen des Whiskys freigesetzt. Nach dem Zusatz von Wasser kann an der Oberfläche der Flüssigkeit ein Wirbel beobachtet werden. Dieser entsteht durch das dortige Aufbrechen von Esterketten, die im unverdünnten Whisky einen Teil der Aromen einschließen.

Da der Geruchssinn im Laufe von Testserien ermüdet, ist der erste Eindruck der wichtigste.

Der Tastsinn

Der Tastsinn ist ein Zusammenspiel aus Empfindungen des Berührungssinns, des Temperatursinns und des Schmerzsinns.

Durch Betasten und Befühlen sind Aussagen über Konsistenz, Struktur und Textur sowie über die Form eines Objekts möglich. Unter der Konsistenz versteht man die mehr oder weniger feste Bindung der Bestandteile eines Objekts, die sich in der Dichte, Festigkeit oder Zähflüssigkeit äußert. Die Struktur ergibt sich einerseits aus Merkmalen wie der Zusammensetzung, Bauart und Körnung des Objekts sowie andererseits aus der Strukturstärke, die von flüssig über halbfest bis hin zu fest reichen kann. Die Erfassung der Textur erfolgt durch eine Kombination der Wahrnehmung durch die Kaumuskulatur und die Rezeptoren der Mundschleimhaut. Die Bewertung der Textur liefert Aussagen über die Zartheit, Zähigkeit, Saftigkeit und Körnung. Abschließend kann die Form eines Objekts beispielsweise rund oder eckig sein.

Die Temperatur übt einen großen Einfluss auf die sensorische Qualität aus. Je nach ihrer Höhe kann sich das Strukturverhalten oder auch die Flüchtigkeit und Intensität der Geruchs- und Geschmacksstoffe verändern.

Gewisse Reize können als Warnfunktion eine Schmerzempfindung im Körper auslösen. Die Rezeptoren reagieren zum Beispiel extrem auf zu heiß, zu kalt oder zu scharf.

Der Geschmackssinn

Die biologische Aufgabe des Geschmackssinns liegt in der Kontrolle der aufgenommenen Nahrung. Der Mensch unterscheidet zwischen genusstauglichen und -untauglichen Lebensmitteln. Bei Aversionen gegenüber bestimmten Nahrungsmitteln kann eine Schutzreizung des Geschmacksorgans ausgelöst werden. Dies äußert sich in Form eines Brechreflexes im oberen Gastrointestinaltrakt.

Die Geschmacksempfindung entsteht durch das Zusammenspiel von Eindrücken, die auf der Zunge und dem Gaumen- und Rachenbereich wahrgenommen werden. Den größten Anteil leisten dabei die Sinneszellen der Zunge. Die Sinneszellen werden auch als Geschmackspapillen und Geschmacksknospen bezeichnet. Mit ihrer Hilfe können die Primärgeschmacksrichtungen süß, salzig, sauer, bitter und umami unterschieden werden. Bei ›umami‹ handelt es sich um geschmacksverstärkende Substanzen, die selbst kaum Eigengeschmack besitzen. Man kann ›umami‹ auch als würzig bezeichnen. Bei der Verkostung von Malt Whisky spielt diese Geschmacksrichtung allerdings eine untergeordnete Rolle. Die Theorie, nach der sich die Rezeptoren für süß nur an der Zungenspitze, für salzig nur an den Längsseiten, für sauer nur am oberen Rand und für bitter nur am Zugenende befinden, wurde von Wissenschaftlern widerlegt.

Neben der Identifizierung der Primärgeschmacksrichtungen wird noch das Mundgefühl bewertet. Dieses kann adstringierend, brennend, kühlend oder wärmend sein. Im Vergleich zur Nase gibt es im Mund bedeutend weniger Rezeptoren. Die Geschmackswahrnehmung und Geschmackserinnerung ist dementsprechend schwächer ausgebildet. Um ein komplexes Geschmackserlebnis zu erfahren, empfiehlt sich zunächst ein kleiner Schluck des zu verkostenden Single Malts, gefolgt von einem gleichmäßigen Beugen des Kopfes nach vorne und hinten, sowie zur linken und zur rechten Schulter. Durch diesen Ablauf können sämtliche Geschmacksknospen im Mund benetzt und die Aromen des Whiskys erfasst werden.

Das Aromaspektrum

Ein Single Malt schmeckt nicht ausschließlich nach den Primärgeschmacksrichtungen süß, salzig, sauer und bitter. Dies liegt daran, dass die Sinneseindrücke in ihrer Gesamtheit nicht vollständig voneinander trennbar sind.

Ein Aromagesamtbild entsteht im Gehirn durch die Überlagerung sämtlicher Sinneswahrnehmungen. Dabei sind ungefähr 80 Prozent geruchliche Eindrücke und lediglich 20 Prozent geschmackliche. Bei dessen Bildung werden erstaunlicherweise geruchliche und geschmackliche Eindrücke stark unterschiedlich gewichtet. So setzt sich das Aromagesamtbild in etwa zu 80 Prozent aus den wahrgenommenen Duftstoffen und lediglich zu 20 Prozent aus dem empfundenen Geschmack zusammen. Der Geruch geht nahtlos in Geschmackseindrücke über. Bei Single Malts stammt ein Teil der Aromen aus den Rohstoffen. Ein anderer Teil entsteht während der einzelnen Produktionsstufen der Herstellung. Zuletzt entstehen Aromen bei der Reifung in Eichenfässern. Single Malts sind aufgrund ihrer Aromenvielfalt eines der komplexesten Getränke überhaupt. Man geht von mehreren Tausend Aromen aus. Sämtliche Aromaeigenschaften aufzuzählen und zu beschreiben ist nahezu unmöglich. Aus diesem Grund beschränken wir uns im folgenden auf ein paar wichtige ausgewählte Aromen, die eine Basis für die Entdeckung der Whiskyaromen bilden.

Aromen

Torf & Rauch

Torfige und rauchige Aromaeigenschaften, die man vor allem bei Islay-Malts häufig antrifft, sind leicht zu erschließen. Die Rauchigkeit eines Single Malts wird durch die Phenole und Cresole geprägt, die bei der Verbrennung der im Torf enthaltenen Huminsäuren entstehen. Je mehr Torf für das Trocknen des Malzes verwendet wurde, umso prägnanter die Aromen im späteren Malt.

Getreide-Aromen (Cereale)

Getreidearomen treten in jedem Malt auf. Über ihre Herkunft sind sich Forscher noch nicht ganz einig. Man vermutet, dass sie entweder im frischen Destillat oder im Nachlauf entstehen. Der Nachlauf wird als Vorlage für den nächsten Destillationsdurchgang weiter genutzt. Getreidearomen passen im Übermaß nicht zu jedem Single Malt.

Nuss-Aromen

Aromen von Nüssen sind Aldehydverbindungen und entstehen höchst wahrscheinlich während der Lagerung in den Eichenfässern. In den meistens Malts ist dieses Aroma nur in geringen Maßen vorhanden und nur schwer auszumachen.

Junges Holz (Harz)
Die Aromen von frischen Sägespänen und Harz sind in Single Malts aufzufinden, die in jungen Fässern gelagert wurden. Sie werden im Verlauf der Lagerung vom Alkohol aus dem Eichenholz fast vollständig gelöst.

Altes Holz (Tannine)
Holz- und Tanninaromen entstehen bei vielen Getränken, die über einen längeren Zeitraum in Holzfässern gelagert wurden. Typisch ist vor allem der adstringierende Tanningeschmack, den man auch bei alten Rotweinen auffinden kann.

Vanille
Zum einen entstehen Vanillearomen durch chemische Reaktionen während des Gärungsprozesses. Zum anderen sind die Vanillearomen auf die Fasslagerung zurückzuführen, bei der das Vanillin durch den Alkohol aus dem Eichenholz gelöst und vom Malt aufgenommen wird.

Fruchtige Aromen
Für die fruchtigen Aromen sind meistens die Ester-Verbindungen, die während der Gärung entstehen, verantwortlich. Bei diesen Aromen handelt es sich um schnell flüchtige Verbindungen, die von schwereren, öligen Aromen wie Rauch und Getreide leicht überdeckt werden können und nicht mehr zur Geltung kommen. Bei ungetorften Malts ist durchaus eine intensive Geruchsempfindung möglich.

Florale Duftnoten
Florale, blumige Aromen sind vom Geruchseindruck den fruchtigen Aromen sehr ähnlich. Chemisch betrachtet sind sie allerdings um einiges komplexer angelegt. Auch sie werden von schweren Aromen wie Torf und Getreide leicht überdeckt.

Schweflige Aromen
Obwohl man meinen könnte, schweflige Aromen und Verbindungen sind nach Möglichkeit zu vermeiden, sind gerade in frisch destilliertem Whisky einige Schwefelverbindungen enthalten. Grösstenteils entstammen sie dem Malz oder während der Lagerung dem Fass. Eine zu hohe Dosierung sollte aus geschmackstechnischen Gründen vermieden werden.

Weinartige Noten
Weinige Noten wie Sherry, Portwein oder Rum entstehen durch die Aufnahme von Restspuren aus den vorherigen Fassfüllungen.

Farbskala

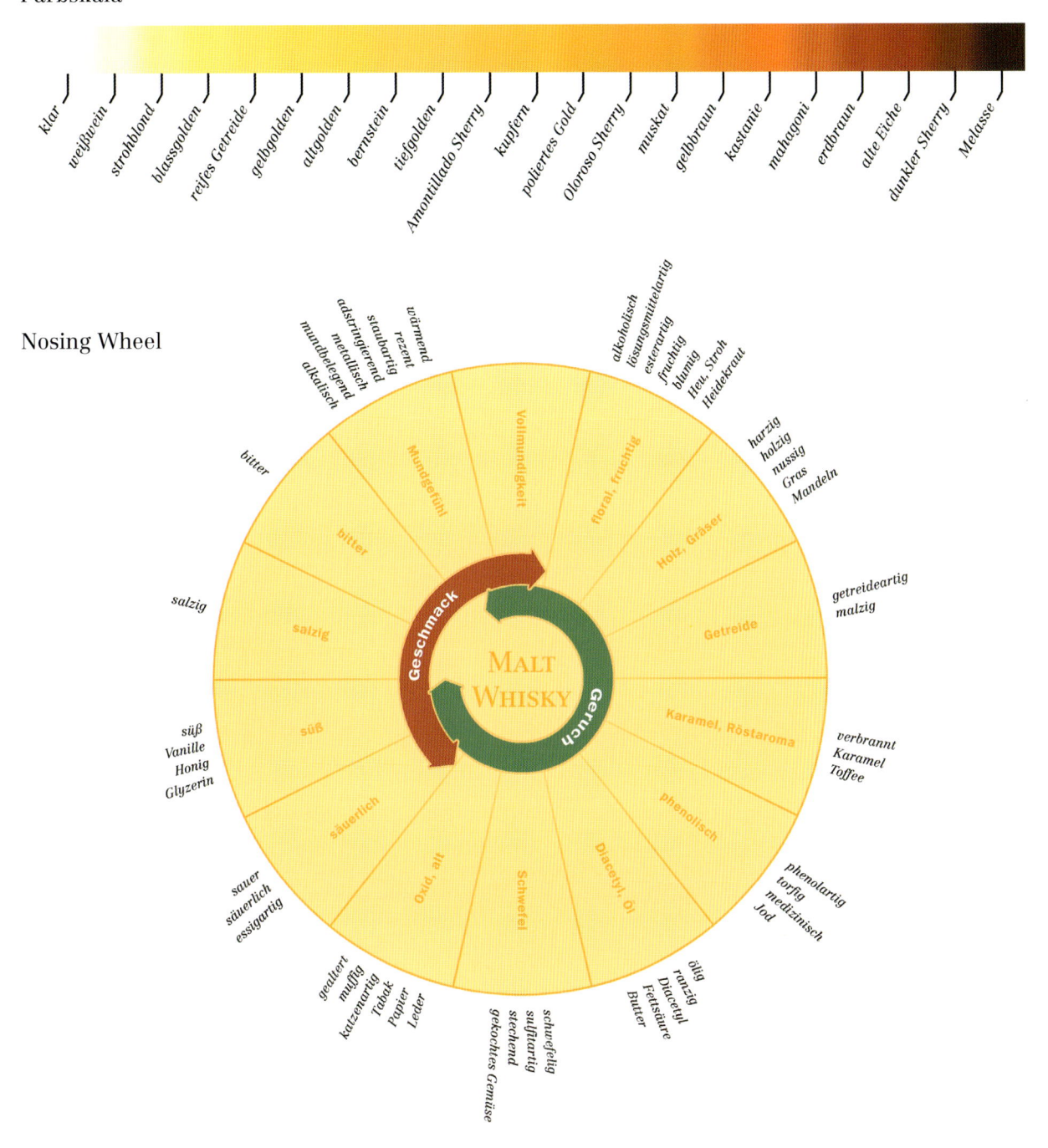

klar · weißwein · strohblond · blassgolden · reifes Getreide · gelbgolden · altgolden · bernstein · tiefgolden · Amontillado Sherry · kupfern · poliertes Gold · Oloroso Sherry · muskat · gelbbraun · kastanie · mahagoni · erdbraun · alte Eiche · dunkler Sherry · Melasse

Nosing Wheel

MALT WHISKY — Geschmack / Geruch

Geruch:
- Vollmundigkeit: wärmend, rezent, staubartig, adstringierend, metallisch, mundbelegend, alkalisch
- Floral, fruchtig: alkoholisch, lösungsmittelartig, esterartig, fruchtig, blumig, Heu, Stroh, Heidekraut
- Holz, Gräser: harzig, holzig, nussig, Gras, Mandeln
- Getreide: getreideartig, malzig
- Karamel, Röstaroma: verbrannt, Karamel, Toffee
- Phenolisch: phenolartig, torfig, medizinisch, Jod
- Diacetyl, öl: ölig, ranzig, Diacetyl, Fettsäure, Butter
- Schwefel: schwefelig, sulftartig, stechend, gekochtes Gemüse
- Oxid., alt: geallert, muffig, katzenartig, Tabak, Papier, Leder

Geschmack:
- säuerlich: sauer, säuerlich, essigartig
- süß: süß, Vanille, Honig, Glyzerin
- salzig: salzig
- bitter: bitter
- Mundgefühl

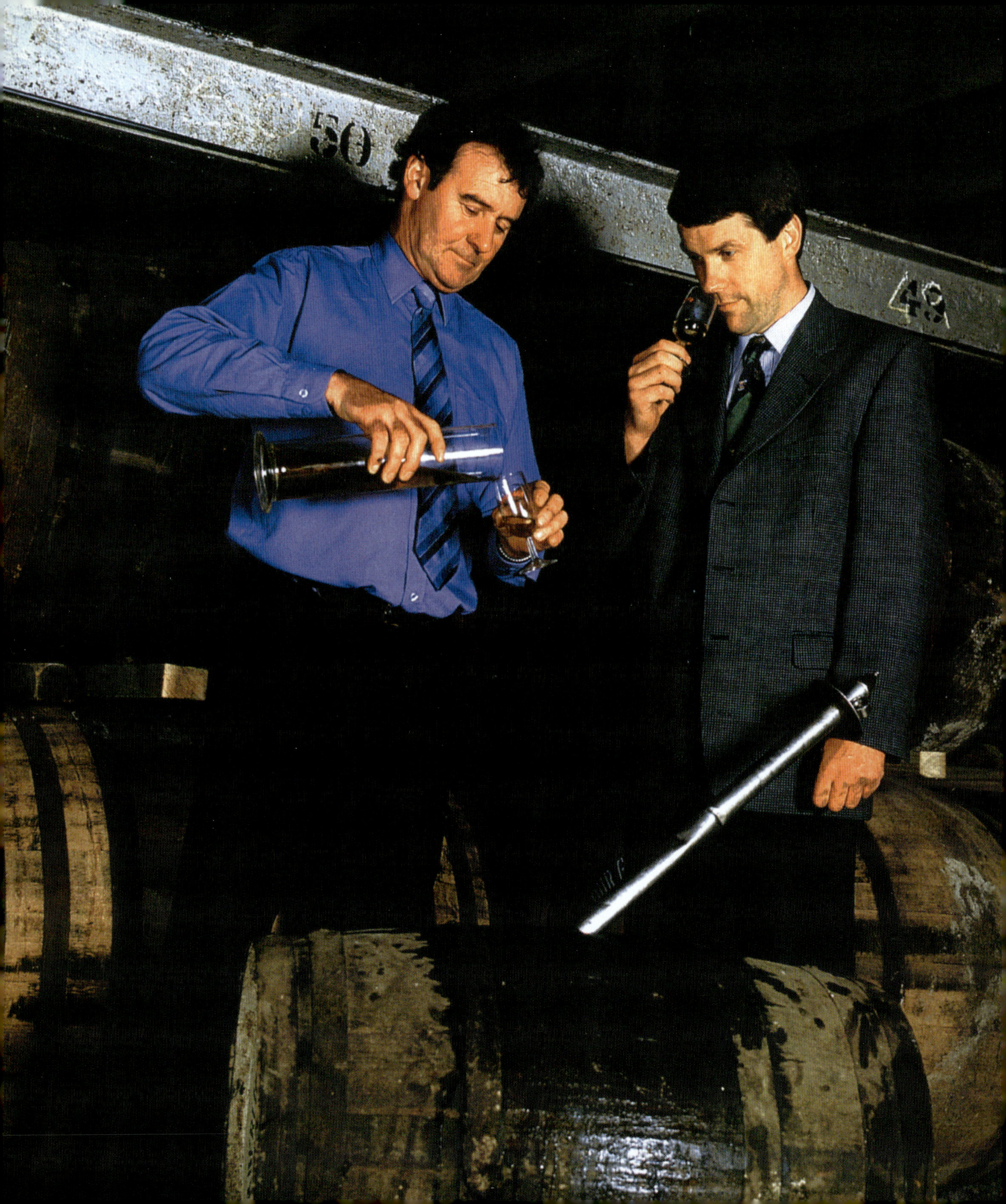
50
49

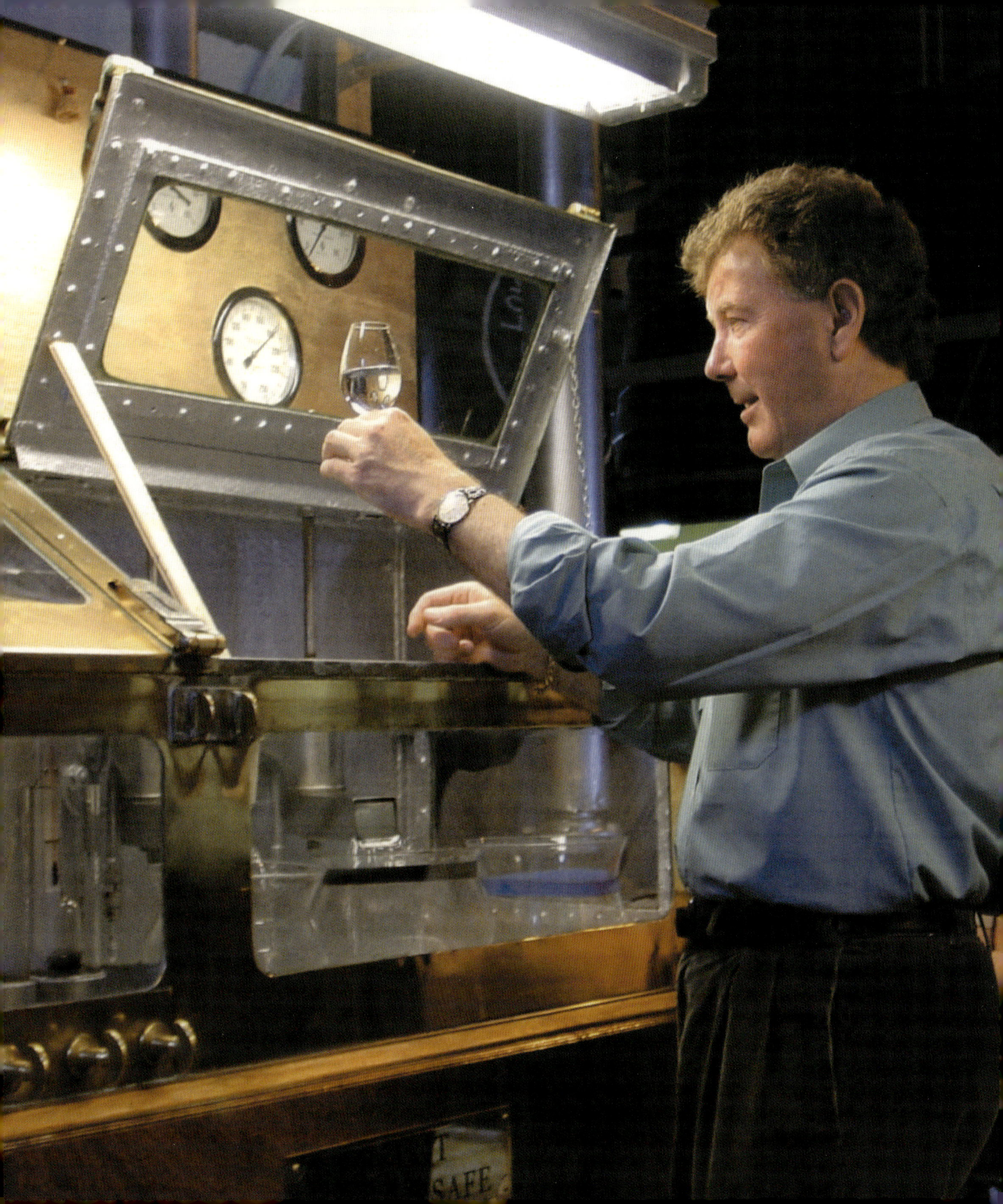
SAFE

Trinkgläser

Die Wahl des Glases ist beim Genuss eines Whiskys von großer Bedeutung. Mit Hilfe des richtigen Glases kann der Genuss verbessert oder sogar erst ermöglicht werden.

Das traditionelle Trinkgefäß für schottischen Whisky ist der „Quaich", eine flache Trinkschale mit zwei Griffen. Er wurde ursprünglich aus Holz, später aus Horn geschnitzt. Ganz edle Exemplare sind gar aus Silber oder Gold gefertigt. Beim „Quaich" unterscheidet man zwei Größen, eine Version für einzelne Personen und die entsprechend größere Freundschaftsschale. Die große Version wird in geselliger Runde oder bei bestimmten Anlässen mit Whisky gefüllt und von Person zu Person um den Tisch herum zu einem Freundschaftsschluck gereicht. Die Freundschaftsschale ist entfernt mit dem in Deutschland gängigen Bierstiefel vergleichbar.

Das bekannteste und weit verbreitetste Whiskyglas ist der „Tumbler". Der „Tumbler" zeichnet sich durch seinen dicken Boden und einen großen Durchmesser aus. Er eignet sich gut für Whiskysorten, die mit Eis oder Wasser serviert werden. Für einen Single Malt ist der „Tumbler" hingegen nicht unbedingt geeignet.

In den Degustationsräumen der schottischen Destillerien trifft man häufig auf Portwein- oder Sherrygläser. Diese Gläser verfügen über eine typische Tulpenform. Diese Form lässt den Aromen des Whiskys genügend Raum, um sich am Boden optimal ausbreiten zu können. Der nach oben zulaufende Kelch konzentriert die flüchtigen Aromen und Duftstoffe und ermöglicht deren bessere Aufnahme durch die Nase. Nicht zuletzt unterstützt diese Form einen angenehmen Ausfluss des Whiskys auf die Zunge. Diese Gläser sind für den Genuss von Whisky bestens geeignet.

Auf ihrer Suche nach der richtigen Mischung für den perfekten Malt benutzen „Master Blender" während der langen Versuchsreihen genau diese Gläser. Das echte Blendingglas verfügt zudem über eine feine Messeinteilung zur exakten Dosierung der verschiedenen Whiskysorten.

58

Eis und Wasser

Darf man Eiswürfel oder Wasser in einen Whisky geben? Dies ist wohl eine der meist diskutierten Fragen in der Whiskywelt.

Gegen die Zugabe von Eiswürfeln zu Blended Whiskys aus Schottland und Kanada oder zu amerikanischen und irischen Standard-Whiskeys ist nichts einzuwenden. Sie verhelfen diesen Getränken nicht nur zur notwendigen Kühlung, sondern fördern durch die Verwässerung den Geschmack und ihren weichen Charakter.

Bei Single Malt Whisky sollte hingegen auf die Zugabe von Eiswürfeln verzichtet werden, da er im Temperaturbereich zwischen 15 und 18 Grad Celsius seine einzigartigen Duft- und Aromastoffe am besten entwickeln und abgeben kann. Ist der Whisky zu kalt, kommen Geschmack und Charakter des Single Malts dagegen nicht richtig zur Geltung. Das Eis betäubt zudem die Geschmacksknospen im Mund. Auch eine zu hohe Temperatur sollte vermieden werden. Bei einigen Whiskys – insbesondere bei Abfüllungen in Fassstärke – können die Aromastoffe durch den hohen Alkoholgehalt unangenehm überlagert werden.

Generell ist es sinnvoll, dem Whisky ein wenig Wasser zuzufügen. Das Aufbrechen langkettiger Estermoleküle infolge von Wasserzugabe bewirkt die Freisetzung eingeschlossener Aromen. Um den Geschmack des Whiskys durch hinzugefügtes Wasser nicht zu verfälschen, greift der Experte auf original schottisches Quellwasser zurück, da es dem Brauwasser am nächsten kommt. Ersatzweise kann auch stilles Wasser mit geringem Mineralgehalt verwendet werden. Kohlensäurehaltiges Wasser kann wegen des ausgeprägten Eigengeschmacks den Geschmack eines Malts verfälschen.

Zeitpunkt und Umgebung

Wie bereits der bekannte Whiskyautor Dave Broom feststellte, sind Verkostungen – wenn auch noch so analytisch – eine sehr persönliche Angelegenheit. Das perfekte Geschmackserlebnis eines Single Malts wird nicht durch den Whisky alleine erlangt.

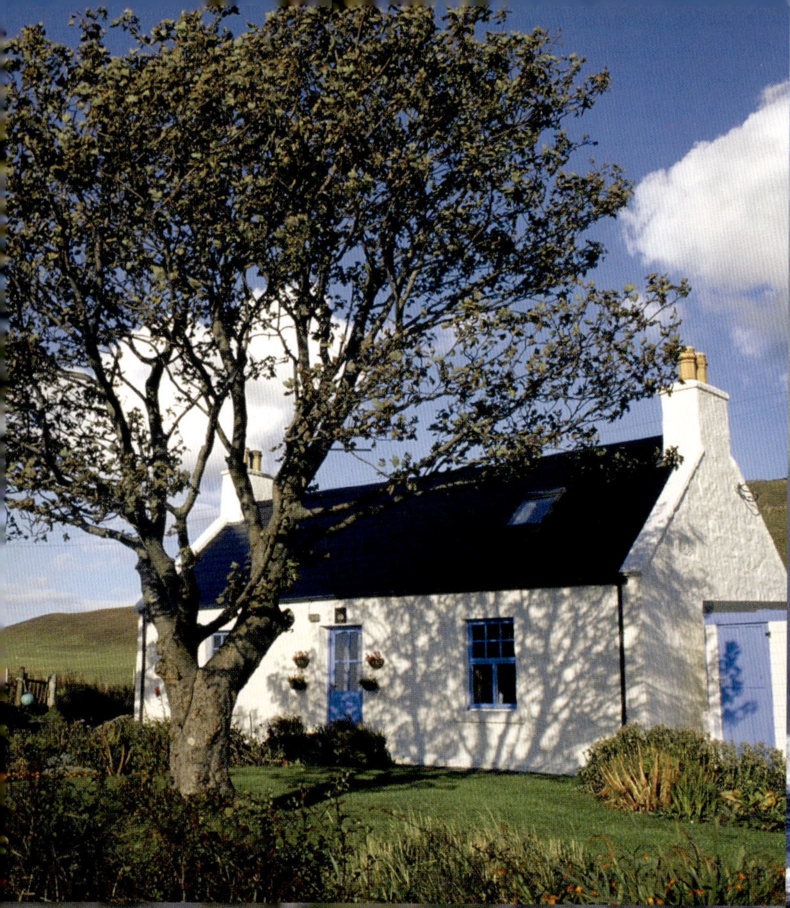
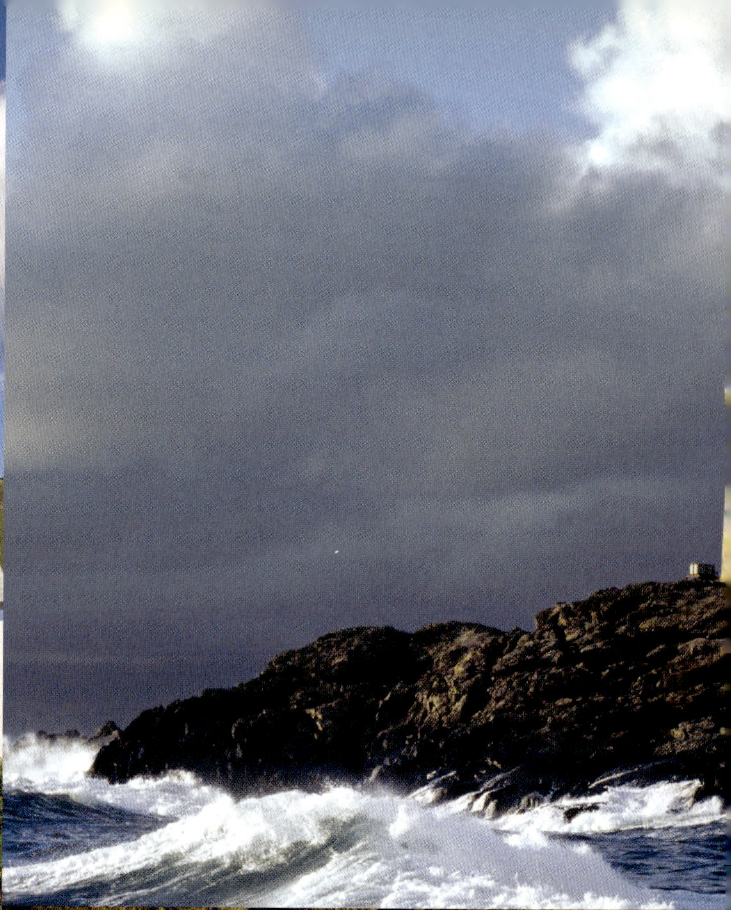
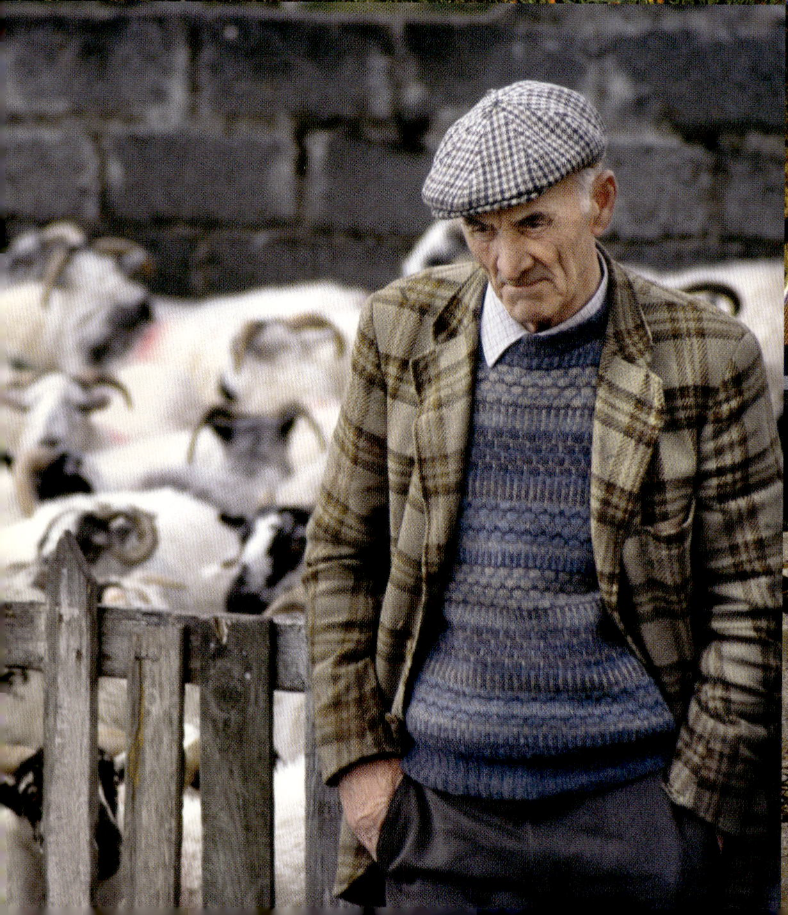
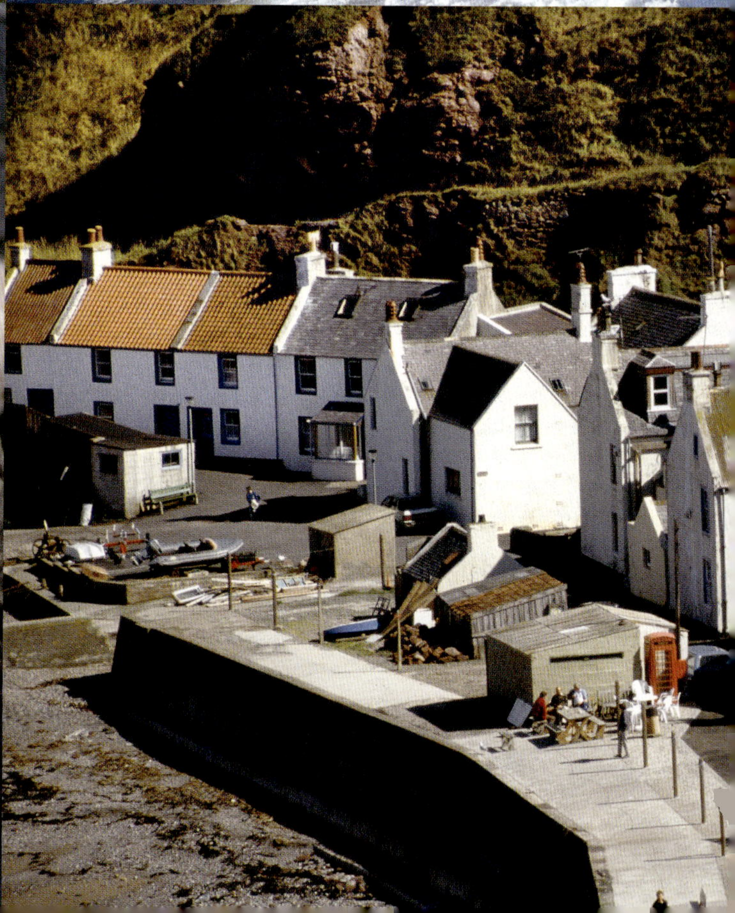

Umgebung, Atmosphäre und Zeitpunkt leisten einen beträchtlichen Beitrag. Es ist wohl ein erheblicher Unterschied, ob man seinen Lieblingsmalt in der Sommersonne am Strand Italiens, im indischen Regenwald zur Monsunzeit oder im Winter auf einer kanadischen Holzfällerhütte genießt. Umgebungseigenschaften wie Temperatur und Luftfeuchtigkeit können die Geruchs- und Geschmackseigenschaften des Single Malts verändern. Die Sinnesrezeptoren sind zudem über den Tag gesehen für die Reizaufnahme nicht gleichmäßig empfänglich. Nachmittags ist die menschliche Wahrnehmungskraft am größten ausgeprägt.

Um optimale Bedingungen für den Genuss eines Single Malts zu schaffen, muss der Verkostungsraum einige wichtige Eigenschaften erfüllen.

Er sollte frei von aufdringlichen Fremdgerüchen sein und eine Temperatur von 20 °C aufweisen. Zudem ist für eine gute Belüftung des Raumes sowie eine ausreichende Helligkeit zu sorgen. Damit Geschmacksüberlagerungen ausgeschlossen werden können, wird dringend empfohlen, direkt vor der Verkostung auf das Rauchen zu verzichten.

Das Spektrum der schottischen Single Malts ist so groß, dass es zu jedem Anlass mindestens einen geeigneten Whisky gibt. Eine ausgesprochen gute Gelegenheit für einen Single Malt ist beispielsweise als Aperitif vor einer Mahlzeit. Zu diesem Zweck empfiehlt sich die Auswahl eines leichten, milden Vertreters, um die Geschmackssinne vor dem Essen nicht zu überlasten. Über diese Geschmackseigenschaften verfügen vor allem junge Single Malts oder Abfüllungen von Destillerien aus den Lowlands.

Nach einer Mahlzeit eignen sich Whiskys auch hervorragend als Digestif. Hierzu bieten sich kräftigere und komplexere Single Malts aus der Speyside oder von den Inseln an. In der Gesellschaft von Genießern kann dieser Anlass mitunter zeremonielle Formen annehmen und sich durchaus über mehrere Stunden hinziehen.

Bei einem spannenden Buch vor dem Schlafengehen drängt sich ein schwerer, torfiger Islay-Malt als „nightcup" geradezu auf.

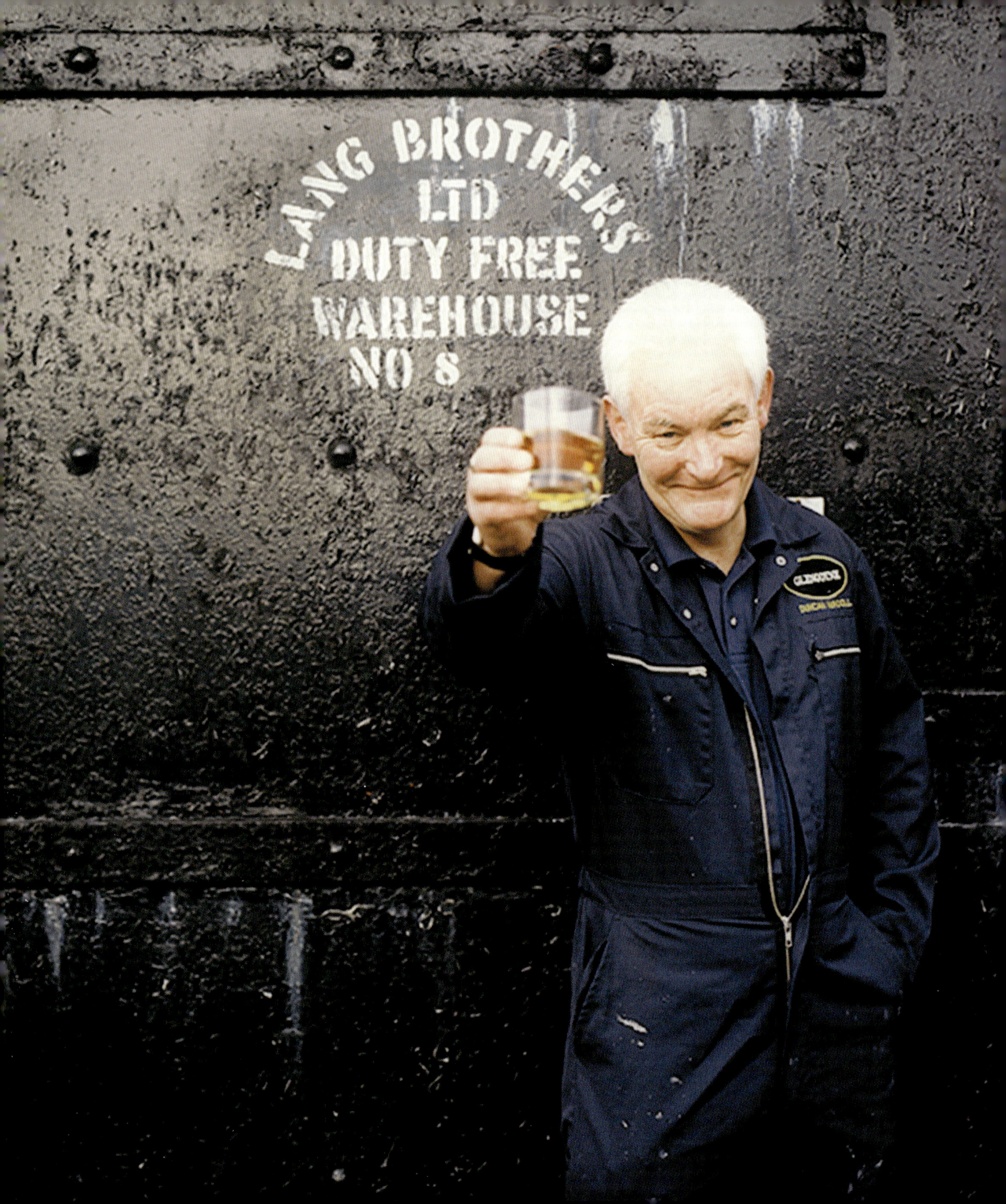
LANG BROTHERS
LTD
DUTY FREE
WAREHOUSE
NO 8

Charaktere

In bester Gesellschaft

Tagsüber schon an den Abend denken! Bei gedämpftem Licht in gemütlicher Runde zwei Finger breit Whisky in ein Glas einschenken und sich zurücklehnen, um dann zu entspannen, scherzen, diskutieren und lachen. Doch wer leistet einem Gesellschaft beim Whisky-Genuss – und wer bevorzugt welchen Single Malt?

Whisky an sich symbolisiert Beständigkeit – ganz gleich, ob noch im Fass, ob in der Flasche oder ausgeschenkt im Glas. Während jeder Whisky ein Stück Unvergänglichkeit repräsentiert, ist die Whisky-Kultur von Leben erfüllt und einer andauernden Weiterentwicklung unterworfen. Auch die Whisky-Gemeinde – das sind Kenner, Gelegenheitsgenießer und Neulinge – ist von stetem Wandel geprägt. Kein Wunder, finden sich doch die Liebhaber des schottischen Nationalgetränks in sämtlichen Bevölkerungsschichten und Gruppen jeglicher Couleur, unabhängig von Alter, Herkunft und Geschlecht. Beim Phänomen Whisky handelt es sich tatsächlich um einen Querschnitt unserer Gesellschaft – nicht zuletzt das hat dieses Getränk so populär und erfolgreich gemacht.

Die gemeinsame Leidenschaft verbindet. So diskutieren der Medizin-Professor aus Edinburgh und der Seemann aus Wick bei einem schmackhaften Dram an der Bar angeregt über das aktuelle Börsengeschehen oder das Ausscheiden der Glasgow Rangers aus dem Europapokal. Ähnliches gilt für das Bekenntnis zum Whisky.

Es entspringt stilvoller Eleganz gleichermaßen wie jugendlicher Rebellion oder schlechtestenfalls korrupierbarem Machtstreben. So brachte es zumindest Jefferson Chase im Whisky-Magazine auf den Punkt. Reine Blasphemie hingegen der Ansatz, die Anhänger des gälischen Lebenswassers über einen Kamm zu scheren oder auch nur wenigen unterschiedlichen Charaktertypen zu zuordnen. Und so möchten die Verfasser eben diesen Versuch auf den Folgeseiten immer mit einem leicht ironischen Augenzwinkern verstanden wissen.

Wer leistet mir Gesellschaft?

Dem diese Frage auf den Nägeln brennt, dürfte dem nächsten Whisky-Happening mit ganz besonderem Interesse entgegen fiebern. Denn vermutlich gilt dort die Konzentration nicht alleine den zu verkostenden Single Malts, sondern auch der ›Enttarnung‹ der Mitstreiter. Übrigens – Überschneidungen der Charaktertypen sind nicht nur möglich, sondern äußerst wahrscheinlich!

Der *Einsteiger* ist mit der Welt des Whiskys und seiner Single Malts zumeist kürzlich in Berührung gekommen. Sein Interesse, mehr über die Whisky-Kultur der Schotten, Iren und Amerikaner zu erfahren, ist groß. Seine Neugier nach weiteren Geschmackserlebnissen und Aromaeindrücken ebenso. Einen Lieblingswhisky hat er noch nicht. Dafür ist er ausgiebig auf der Suche nach seinen persönlichen Favoriten.

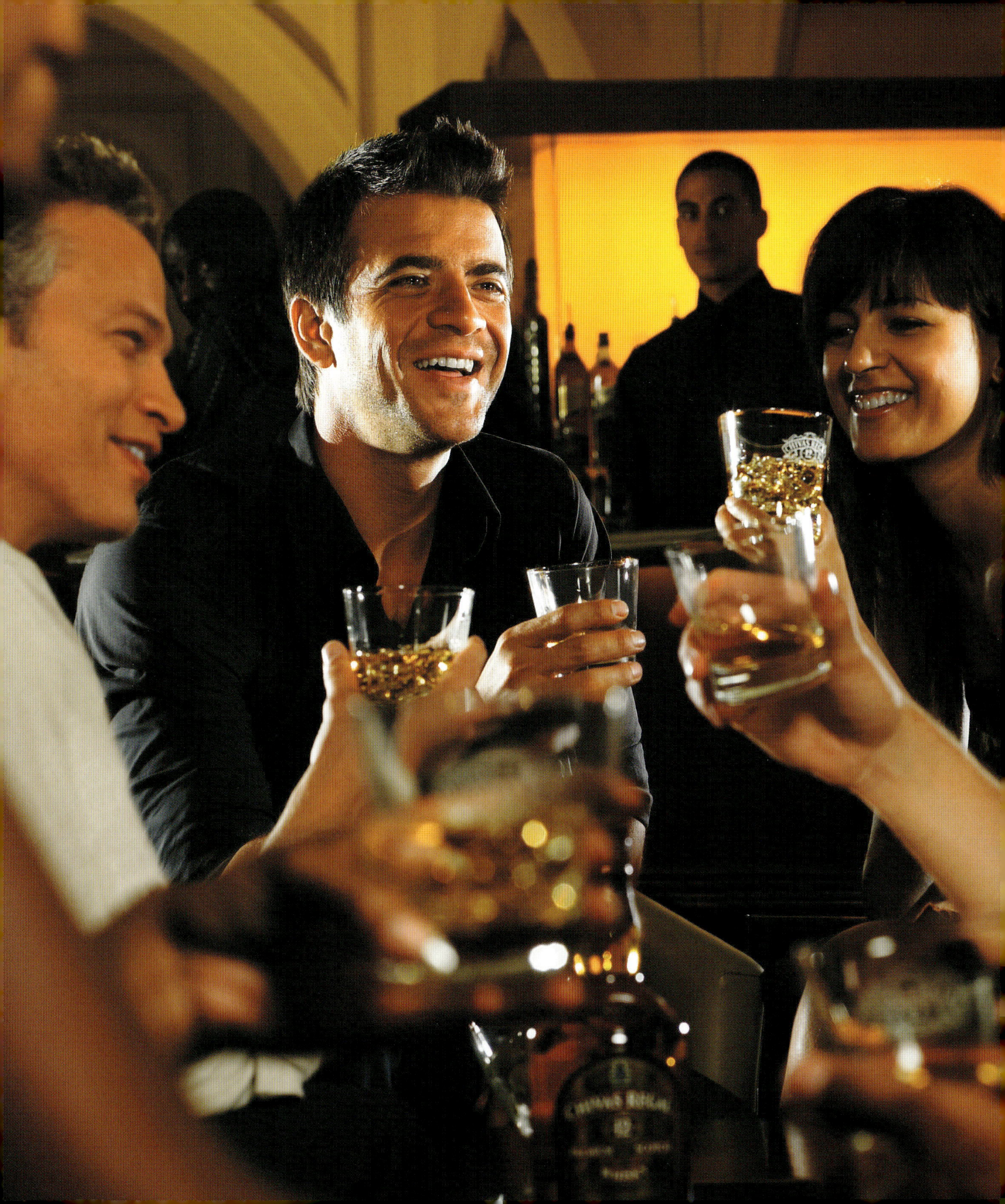

Der *Kosmopolit* tut sich nicht schwer mit seiner Bestellung an der Theke. Er weiß genau, welche Whiskys gerade angesagt sind und wo sie serviert werden. Mit Geschichten über und Anekdoten zu seinen Lieblingswhiskys versteht er problemlos ganze Abende zu füllen. Seine Kenntnisse über den Whisky hat er auf seinen zahlreichen Reisen durch die ganze Welt erlangt.

Der *Abenteurer* nimmt jene Whiskys zu sich, die mancher Leser seinem ärgsten Feind nicht zumuten würde. Wenn in seiner Nähe Rauch aufsteigt, muss dieser nicht unbedingt vom Colt stammen, mit dem er eben sein Abendessen erlegt hat. Er liebt die Extreme, bei seinen Projekten und Aktivitäten genauso wie beim Thema Single Malt Whisky. Aber keine Angst – Motorenöl und seinen Lieblingswhisky hat er bislang noch nicht verwechselt!

Für den *Connaisseur* ist jeder Dram Genuss und neue Herausforderung zugleich. Er setzt sich sehr intensiv mit der Materie seines Lieblingsgetränks auseinander. Er weiß von der Qualität der Whiskys, die er probiert. Sein Erfahrungsschatz – besonders über seine Favoriten – ist nahezu unerschöpflich. Beim Genuss schließt er die Augen und lässt sich von nichts mehr ablenken. Sein Verhältnis zu einem guten Single Malt ist von wahrer Hingabe geprägt.

Der *Gemütliche* mag es vornehmlich süß. Am richtigen Single Malt bleibt er kleben. Ist beim abendlichen Zeitvertreib einer seiner Lieblingswhiskys verfügbar, gerät er augenblicklich ins Schwärmen. Der Versuchung eines guten Tropfens vermag er nur schwer zu widerstehen. Am liebsten nimmt er seine Favoriten in guter Gesellschaft zu sich – und von der gibt es beim Whisky ja bekanntlich reichlich!

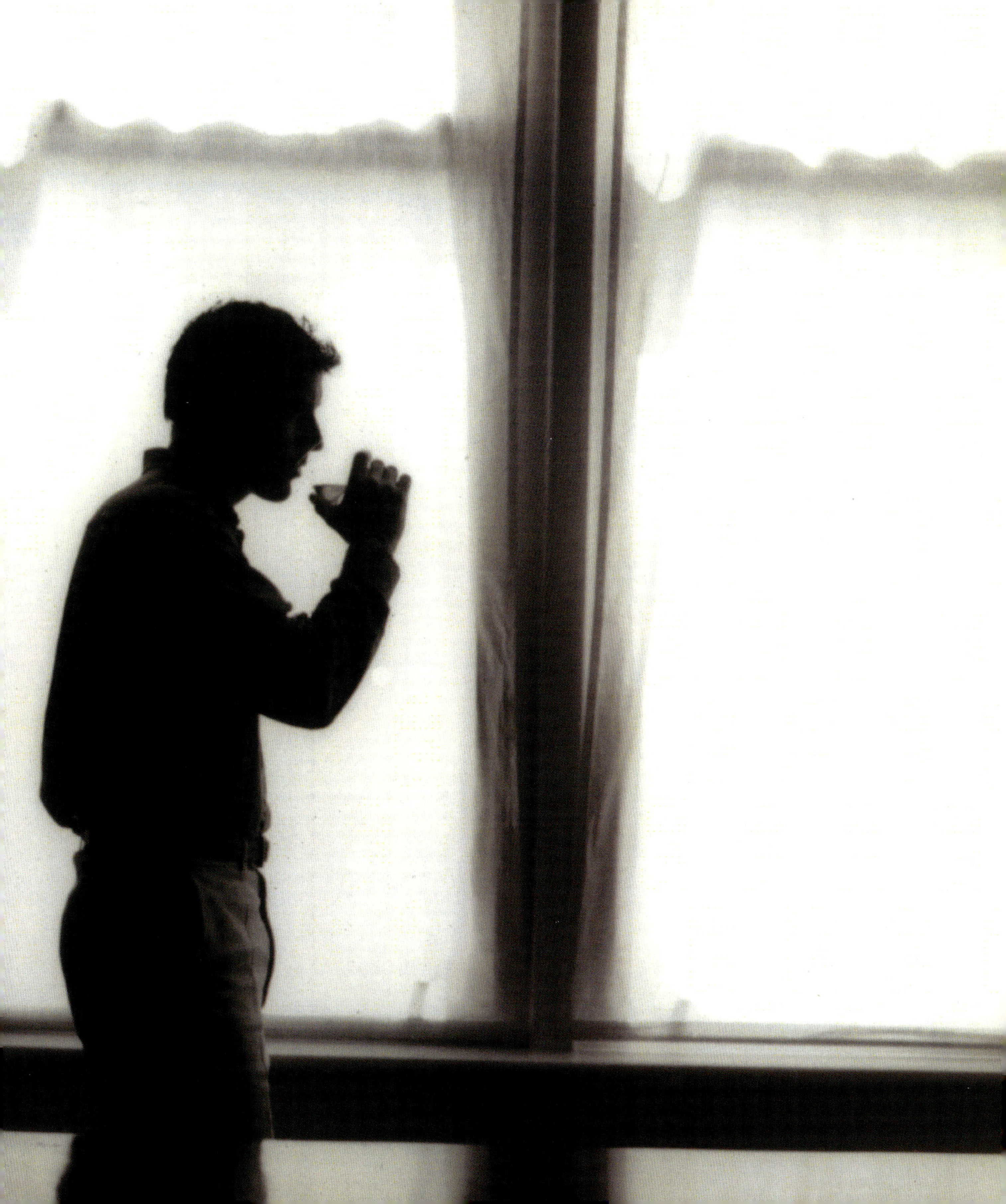

SCOTLAND

WHISKY MAP

Whisky und seine Regionen

Nicht nur die Anhänger des ›water of life‹ lassen sich in gewisser Weise differenzieren. Auch die Single Malts können verschiedenen Kategorien zugeschrieben werden. Üblicherweise erfolgt eine Unterteilung nach der jeweiligen Herkunftsregion eines Whiskys. Fachleute gehen hierbei von zwei Grundvoraussetzungen aus. Einerseits sind die landschaftlichen Gegebenheiten ein und derselben Gegend relativ identisch, anderseits herrschen regional oftmals vergleichbare klimatische Bedingungen. So verfügen Whiskys in Abhängigkeit ihrer Herkunft häufig über typische Merkmale und markante Eigenschaften.

Doch ist hier auch Vorsicht geboten! Single Malts einer Region unterscheiden sich tatsächlich meist mehr, als sie einander gleichen. Die Whiskys von Glenfiddich und Balvenie werden beispielsweise lediglich einen Steinwurf voneinander entfernt auf demselben Grund gebrannt, weisen jedoch erhebliche Unterschiede in Aroma und Geschmack auf. Letzten Endes verschafft nur das Verkosten Klarheit über den Charakter eines Single Malts, nicht die bloße Kenntnis seines Ursprungs.

Wenn von der Herkunft eines schottischen Single Malts gesprochen wird, dann ist in der Regel von einer der folgenden sechs Regionen die Rede – der Speyside, den Highlands und Lowlands, den Inseln und Islay oder der Stadt Campbeltown.

Die Speyside im Osten Schottlands zählte schon immer zu den Hochburgen der Whiskyproduktion. Der Name der Region geht auf den prominentesten der vielen Flüsse – die Spey – zurück. In der malerischen Hügellandschaft dieser Region mit ihren weiten Wiesen und Feldern und schneebedeckten Bergen trifft man auf zahlreiche Destillerien, die einen weichen und trockenen Whisky brennen. Die meisten Single Malts von hier spiegeln das Landschaftsbild durch fruchtige und florale Noten sowie malzig-süße Töne in ihrem Aroma wider.

Geographisch gesehen umfassen die Highlands von allen Regionen das größte Gebiet. Abhängig vom lokalen Härtegrad des Brauwassers fallen die Destillate einmal etwas milder, ein andermal kräftiger und intensiver aus. Viele Single Malts aus dieser Gegend überraschen mit herben Anklängen von Heidekraut, kombiniert mit süßem Malzaroma.

Die wenigen verbliebenen Vertreter der Lowlands lassen sich klar von den anderen Single Malts unterscheiden. Ihnen allen wohnt ein klarer, reiner Charakter inne. Sie sind mild und leicht und eröffnen sich dem Verkoster relativ schnell.

Whiskytechnisch betrachtet zählen die Orkneys, die Isle of Skye, Jura, Mull und Arran zu der ›Region‹ der Inseln. Die maritime Herkunft dieser Whiskys wird in den meisten Fällen durch die Präsenz von reichlich Meersalz und Seetang im Aromabild unterstrichen. Deutliche Anklänge von Rauch und Torf sowie würzige Noten runden den Gesamteindruck ab.

Unter den Inseln besitzt Islay einen Sonderstatus. Nordwestlich der Halbinsel Kintyre gelegen, konzentrieren sich hier auf nur wenigen Quadratkilometern Landfläche sieben Single Malt-Destillerien. Der typische Whisky von dieser Insel überfällt die Geschmacksnerven mit viel Rauch und Torf, einer guten Prise Meersalz und einem kräftigen Aroma. Dennoch finden sich durchaus auch Vertreter leiserer Töne auf dem kleinen Eiland. Die Stadt Campbeltown auf der Halbinsel Kintyre nimmt ähnlich wie Islay eine Sonderstellung in der Whiskywelt ein. Im 18. Jahrhundert boomte hier – abseits gelegen vom Zugriff durch Steuereintreiber – die Schwarzbrennerei. Über 30 Destillerien versorgten das Umland mit kräftigem Whisky von satter, dunkler Farbe. Gegenwärtig sind hier drei Brennereien in Betrieb.

Der Einsteiger

Mit dem Whisky verhält es sich ganz wie mit allen anderen Disziplinen auch. Als Unbedarfter sieht man sich meist völlig hilflos einer neuen, kleinen Welt gegenüber – einem Mikrokosmos mit fremden Begriffen und eigenen Gesetzen, mit unvertrauten Gepflogenheiten und ungewohnten Eigenschaften.

Vielfältig sind die Möglichkeiten, mit dieser Welt in Kontakt zu treten. Der erste Bourbon – mit großer Wahrscheinlichkeit mit Cola gemixt – auf einer Party zu Jugendzeiten. Als Folge am Tag darauf der Schwur, kein Getränk mehr anzulangen, das den Anschein von Whisky erweckt. Der erste Blended Whisky mit guten Freunden auf Reisen in einer gemütlichen Bar fern der Heimat. Im Rückblick die Revidierung der einst ablehnenden Haltung zu jenem Destillat, allerdings ohne zu vollständiger Überzeugung gekommen zu sein. Der erste Single Malt bei einem Bekannten und selbst erklärten Whiskykenner einige Zeit später. Daraufhin gewecktes Interesse und vielleicht sogar der Entschluss, in eine eigene Flasche zu investieren oder gar durch die Teilnahme an einer Verkostung die Materie zu vertiefen. Aber natürlich erfolgt der Ablauf bei jedem Einsteiger ganz unterschiedlich. Oder mit anderen Worten – so individuell wie jeder Mensch, so verschieden sein Weg zum schottischen „water of life". Es gilt zu klären, was genau diejenigen verbindet, die den Entschluss gefasst haben, sich näher mit der Welt der Single Malts auseinanderzusetzen.

Als wichtige Voraussetzungen bringt der Einsteiger unerschöpflichen Wissensdurst mit, eine große Portion Neugierde und die Offenheit, sich mit dem neuen Thema zu beschäftigen. Gewiss helfen ein wenig Ausdauer und Durchhaltevermögen dabei, rasch einen fundamentalen Kenntnisstand zu erlangen, doch mögen der Spaß und die Freude am Erkunden stets im Vordergrund stehen. Spielerisch lässt sich viel über Whisky sowie sein Geruchs- und Geschmacksspektrum erlernen. Das Wiedererkennen eines Single Malts oder einzelner Geschmacksnoten beruht nämlich auf dem Training der entsprechenden Sinnesorgane und des Gedächtnisses (siehe hierzu mehr im Kapitel Sensorik).

Nach dem Erwerb einiger Flaschen Malt Whiskys lade sich der Einsteiger ein paar Gleichgesinnte zum Tasting ein. Nun kann es eifrig losgehen mit Sichten, Riechen, Probieren, Notieren, Diskutieren und Vergleichen. Ehe man

Glen Grant
The Malt from the Major

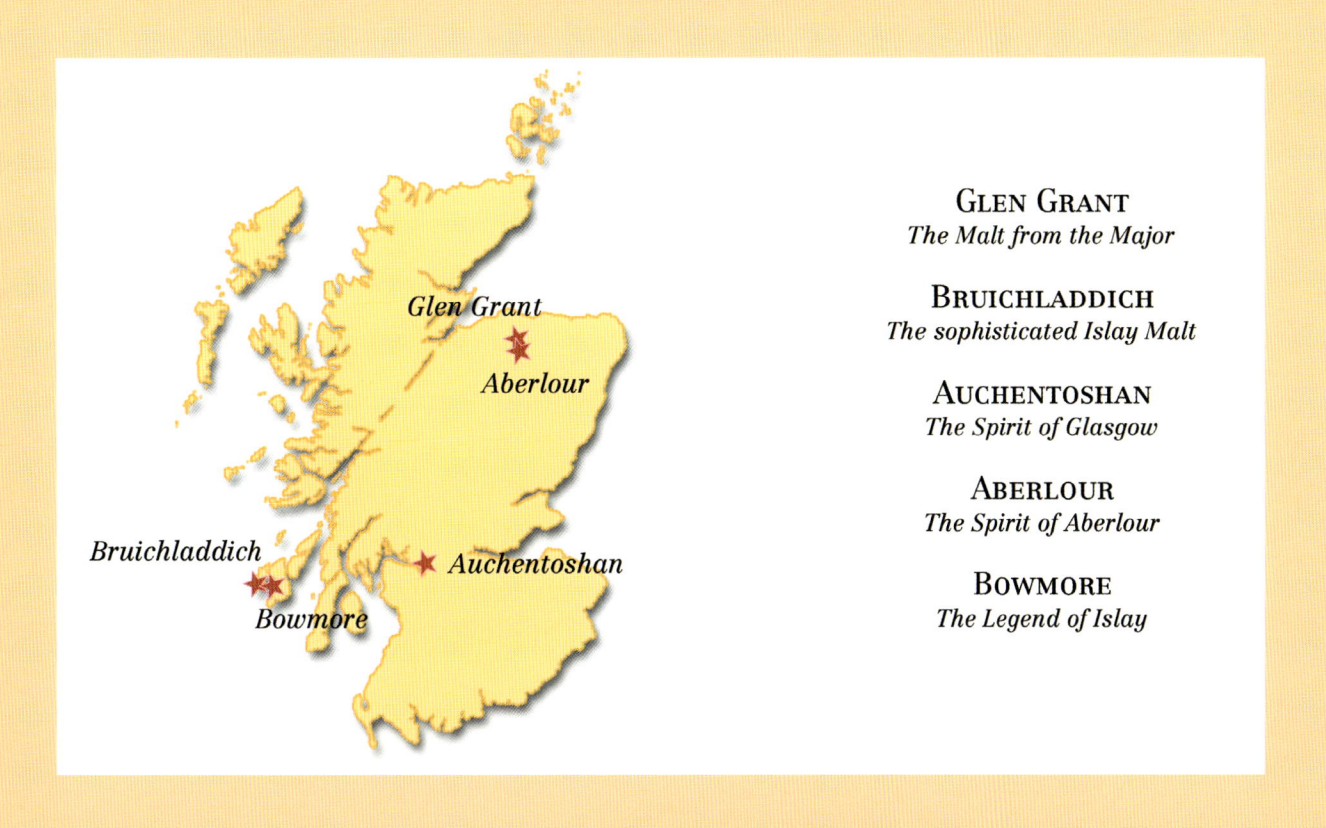

Bruichladdich
The sophisticated Islay Malt

Auchentoshan
The Spirit of Glasgow

Aberlour
The Spirit of Aberlour

Bowmore
The Legend of Islay

sich versieht, ist man bereits beim leidenschaftlichen Fachsimpeln angekommen. Alle Einsteiger seien ausdrücklich dazu angehalten, Ihre Eindrücke zu schildern und auszutauschen. Nur Mut – es ist schließlich noch kein Meister vom Himmel gefallen! Mit Hilfe des Aromarads lässt sich übrigens relativ einfach für jeden verkosteten Whisky ein individuelles Geruchs- und Geschmacksbild erstellen. Der Einsteiger mache rege davon Gebrauch!

Es gibt Whiskys, die sich für einen Einstieg in die Thematik tendenziell besser anbieten und solche, die hierzu eher ungeeignet sind. Zwei Kriterien sind ausschlaggebend:

Die geschmackliche Lage des Whiskys im Aromaspektrum sowie seine Komplexität. Ein Single Malt mit extremem Aromabild kann mit den geschmacklichen Vorlieben eines Neulings eventuell erheblich differieren und somit abstoßend wirken. Verfügt das Destillat über eine zu hohe Komplexität, vermag der Einsteiger das Aromabild und die zeitliche Abfolge der Eindrücke nicht mehr aufzulösen. Daher sollte zu einer ersten Verkostung ein Malt Whisky mit einem moderaten Aromabild und einer mäßigen Komplexität ausgewählt werden. Mit der Zeit werden sich die Wahrnehmung schärfen und Neigungen entwickeln. Eines Tages ist der Lieblingswhisky bestimmt gefunden!

An dieser Stelle wünschen die Verfasser dem Leser – so er denn zu den Einsteigern zählt – viel Vergnügen auf der Suche nach dem persönlichen Lieblingswhisky! Möge ihm anderes widerfahren als der französischen Schriftstellerin

Glen Grant

Der Whisky von Glen Grant gilt gleich nach dem Glenfiddich als der weltweit am zweit häufigsten verkaufte Single Malt. Vor allem in Italien verfügt er über eine große Fangemeinde. Die relativ junge 5-jährige Abfüllung kommt dort auf einen Marktanteil von immerhin 70 Prozent. Schon früh pflegte das Management von Glen Grant besondere Beziehungen zu italienischen Händlern und sicherte sich auf diese Weise eine marktbeherrschende Position. Zum mediterranen Klima des Landes passt der leichte, fruchtige und sehr trockene Charakter dieses Whiskys ausgesprochen gut. Der Pasta ist Glen Grant ein hervorragender Aperitif.

Dem Malt Whisky Trail von Dufftown aus in nördlicher Richtung folgend, stößt man in der Ortschaft Rothes auf die Glen Grant Destillerie. Hier wird inmitten der blühenden Landschaften der Speyside ein angenehm weicher Single Malt destilliert.

Die Brüder John und James Grant gründeten 1840 die Glen Grant Destillerie, um die Getreideüberschüsse der familieneigenen Farm nützlich zu verwerten. Allerdings waren die beiden bereits sieben Jahre zuvor durch eine Beteiligung an einer benachbarten Destillerie ins Whiskygeschäft eingestiegen. Neben dem Betrieb der Brennerei kümmerte sich James Grant außerdem ausgiebig um seine Laufbahn als Politiker. In dieser Funktion trug er unter anderem maßgeblich zur Anbindung der Speyside an das Schienennetz der Eisenbahn bei. Nach seinem Tod übernahm sein Sohn, ein Major der britischen Armee, 1872 die Destillerie.

Fasziniert von der Botanik, brachte er zahlreiche Pflanzen von seinen Reisen nach Indien und Afrika mit ins Heimatland. So entstand die bezaubernde Gartenanlage, die sich in einem kleinen Tal direkt hinter den Gebäuden der Brennerei erstreckt. Sie steht heute den Besuchern der Destillerie für einen Spaziergang offen. 1898 erbaute Major James auf der gegenüberliegenden Seite der Straße eine zweite Brennerei, die er schlicht auf den Namen Glen Grant No. 2 taufte. Eine Zeit lang sollen beide Destillerien mit einer überirdisch verlaufenden Pipeline verbunden gewesen sein. Vier Jahre nach der Eröffnung wurde die Produktion in der neuen Brennerei wieder eingestellt. Heute operiert sie wieder zeitweise unter dem Namen Caperdonich. Bis zur Fusion mit Glenlivet im Jahre 1953 blieb Glen Grant im Familienbesitz. 1977 wurde die Kapazität der Destillerie auf acht Brennblasen erweitert. Im gleichen Jahr fiel Glen Grant an die Chivas Brothers. Seit 2006 gehört Glen Grant zur italienischen Campari Gruppe.

Das Wasser für die Produktion entspringt der Caperdonich Quelle in den nahe gelegenen Black Burns. Es zeichnet sich – wie für die Region üblich – durch einen geringen Härtegrad aus.

Die Brennblasen von Glen Grant werden noch wie zu Gründerzeiten mit Kohle befeuert.

In den siebziger Jahren wurde diskutiert, sie mit Dampf zu beheizen, um Kosten einzusparen. Über das Versuchsstadium kam dieser Ansatz jedoch nie hinaus, da sich die geschmacklichen Eigenschaften des Whiskys erheblich veränderten.

Der Glen Grant reift, von wenigen Ausnahmen abgesehen, in Bourbonfässern heran. Ein Großteil dieses Whiskys kommt bereits nach wenigen Jahren Lagerzeit zur Abfüllung. Wer sich hingegen auf der Suche nach einem älteren Jahrgang befindet, wird meist bei den unabhängigen Abfüllern fündig. Gordon & MacPhail vertreibt beispielsweise eine breite Palette an Glen Grant Vintage Malts.

Die raren Sherryfass-Abfüllungen von Glen Grant, die im Gegensatz zu den Standardabfüllungen wesentlich länger lagern, weisen bemerkenswert dunkle Farbtönungen auf und verstehen auch geschmacklich zu überzeugen.

Im Einzelhandel wird der Glen Grant häufig in einer Version ohne Altersangabe auf dem Etikett angeboten. Hier handelt es sich grundsätzlich um eine Abfüllung von Whiskys mit einer Reifedauer von weniger als zehn Jahren.

Der Glen Grant ist unverzichtbarer Bestandteil des berühmten Blends von Chivas Regal. Leicht und weich, dabei aber nie flach – so kann der Glen Grant in wenigen Worten beschrieben werden. Hinter dem ausgeprägt trockenen Wesen dieses Single Malts offenbaren sich fruchtige und nussige Töne.

Dem Einsteiger sei dieser Whisky empfohlen, da er einen besonders einfachen Zugang zu seinen Duft- und Geschmacksnoten gestattet. Die 0,7 Liter Flasche der 10-jährigen Abfüllung (43 Vol.-Prozent Alkohol) kostet weniger als 30 Euro.

Bruichladdich

Alle Single Malts von der Insel Islay sind schwer und stark getorft. Der Bruichladdich malt ein differenziertes Bild von dieser Insel, die sich ganz offenbar voller Hingabe der Kultur der Whiskyherstellung verschrieben hat. Ganz im Gegensatz zu den wesentlich raueren Single Malts vom südwestlichen Ufer Islays reichen Charakter und Geschmacksspektrum der Abfüllungen von Bruichladdich von leicht bis mittelschwer, von fruchtig und süß bis salzig und würzig. Bruichladdich ist die am westlichsten gelegene aktive Destillerie Schottlands und liegt am westlichen Ufer von Loch Indaal, geographisch isoliert von den anderen sechs Brennereien der Insel. Das recht sperrige gälische Bruichladdich bedeutet übersetzt soviel wie ›Strand an der Ecke‹.

Im Jahre 1881 gründeten die Brüder Robert, William und John Gourlay Harvey in der Siedlung Kilchoman die Bruichladdich Destillerie. Aus den Anfangsjahren finden sich heute noch einige Gerätschaften und Anlagen auf dem Gelände der Brennerei. Bis 1929 wurde hier Whisky produziert, ehe der Betrieb für knapp acht Jahre eingestellt wurde. Im Anschluss wechselte die Destillerie mehrfach ihren Eigentümer, wobei sie zwischen 1940 und 1949 sogar in den Besitz eines amerikanischen Unternehmens überging.

Unter der Invergordon Distillers Ltd., die Bruichladdich 1968 übernommen hatte, wurde die Brennerei im Jahre 1975 ausgebaut und die Anzahl der Brennblasen von zwei auf vier erweitert. 1994 stieg die Whyte & Mackay Group bei Bruichladdich ein, die die Produktion allerdings kurz darauf stilllegte.

Der Firma Murray McDavid gelang es im Dezember 2000 mit der Unterstützung einiger weiterer Kapitalgeber, die Destillerie zu erwerben. Als Produktionsleiter konnte mit Jim McEwan nicht nur ein erfahrener Mann vom Fach, sondern auch ein Kenner des Whiskyhandwerks auf Islay gewonnen werden. Am Morgen des 29. Mai 2001 kondensierte schließlich das erste neue Destillat im Schwanenhals einer der beiden „spirit stills" aus.

Das Wasser von Bruichladdich entspringt der Quelle eines Hügels aus sehr altem Sandstein und fließt über ein Moor zum nahe gelegenen Brennereigelände. Das Wasser ist weitaus weniger torfig als im östlichen Teil Islays üblich. Das von der Mälzerei in Port Ellen bezogene Malz für den Bruichladdich wird über wenig Torf getrocknet, was sich im Whisky geschmacklich widerspiegelt.

Der Rohwhisky wird in relativ kleinen und niedrigen Brennblasen erzeugt. Die Brennblasen sind bemerkenswerterweise nicht verschweißt, sondern vernietet und verfügen an der Oberseite über hohe Hauben mit äußerst weitem Querschnitt. Das Destillat ist entsprechend aromatisch intensiv.

Der Whisky reift traditionell in Bourbon- und Sherryfässern, neuerdings vereinzelt auch in Rum- und Madeirafässern. Da der Platz in den Lagerhäusern auf dem eigenen Gelände recht begrenzt ist, werden zusätzlich Lagerflächen der beiden ehemaligen Brennereien in Port

Charlotte – Lochindaal und Octomore – genutzt. Jüngst wurde eine firmeneigene Abfülllinie installiert, wie es sie sonst nur bei Glenfiddich und Springbank gibt.

Unter der neuen Führung hat Bruichladdich bereits mehrfach bewiesen, dass hier neue und innovative Wege beschritten werden. Gezielt wird der Kundenstamm in den Herstellungsprozess und die Arbeitswelt der Destillerie mit eingebunden. Interessierte können hier zum Beispiel in einer einwöchigen Akadamie vor Ort die grundlegenden Tätigkeiten der Whiskyherstellung erlernen. Wer mag, darf sich seinen Whisky selbst direkt aus dem Fass in die Flasche abfüllen – und wem das nicht genug ist, der kann sich auch gleich ein ganzes eigenes Fass kaufen.

Aktuell lagern mit dem Port Charlotte und dem Octomore zwei besondere Tropfen in den „ware houses" von Bruichladdich. Diese Whiskys wurden in den Jahren 2001 und 2002 destilliert und unterscheiden sich im Torfgehalt erheblich von der Standardabfüllung. Der Octomore, der voraussichtlich erst 2010 zur Abfüllung kommt, soll gar der torfigste Single Malt aller Zeiten werden.

Mit dem Bruichladdich offenbart Islay sein zweites Gesicht. Hier sind es nicht hoher Torfgehalt und Komplexität, die den Charakter des Whiskys ausmachen, sondern fruchtiges Aroma und ein frischer, sanfter Körper. Ein Hauch von Torf und salziger Würze weist schließlich doch auf die Herkunft des Single Malts von der Insel Islay hin – allerdings auf äußerst dezente Weise. Der Einsteiger sollte es nicht versäumen, die Welt des Bruichladdich mit einer 10-jährigen Abfüllung (46 Vol.-Prozent Alkohol) zu erschließen. Eine Flasche mit 0,7 Liter kostet rund 35 Euro.

Auchentoshan

Bei dem Single Malt von Auchentoshan handelt es sich um einen klassischen Vertreter der Lowlands. Wie für diese typisch verfügt der Auchentoshan über ein leichtes und mildes Wesen. Er bietet dem Genießer einen einfachen Zugang und ein überschaubares Geschmacksspektrum.

Jedoch hebt sich der Auchentoshan durch angenehm balancierte Duft- und Geschmacksnuancen von anderen Lowlandern ab, da diese mitunter etwas flach wirken können.

Möglicherweise liegt dieser Unterschied an dem ausgefallenen Destillationsverfahren. Hier wird traditionell dreifach destilliert. Früher war die Dreifachdestillation gerade unter den Lowland-Destillerien weit verbreitet. Heute wird nach dieser Methode außer bei Auchentoshan nur noch in Irland gebrannt. Die Destillerie liegt in Dalmuir – einem im Norden gelegenen Vorort von Glasgow – am Fuße der Old Kilpatrick Hills. Diese Hügelkette verläuft entlang des Clyde, dem Fluss, der einst als das Tor Schottlands zur Welt galt.

Seit den Zeiten der einsetzenden Industrialisierung bis hin zum heutigen Tage laufen hier die in den Werften Glasgows gefertigten Schiffe in die Weiten der Weltmeere aus.

Die Wurzeln der Brennerei reichen bis zum Anfang des 19. Jahrhunderts zurück, als vermutlich irische Einwanderer auf dem Gelände von Auchentoshan der Herstellung von Whisky nachgingen. Das offizielle Gründungsjahr der Destillerie wird mit 1825 angegeben. Auchentohan wechselte im Laufe seiner Geschichte mehrfach den Eigentümer. Im März 1940 fielen die Gebäude der Brennerei einem Bombenangriff der deutschen Luftwaffe zum Opfer. Das eigentliche Ziel waren damals aber sicherlich die Werften in Glasgow. Es sollte bis 1948 dauern, ehe die Produktionsstätten wieder errichtet wurden. 1960 erwarb die Großbrauerei J. & R. Tennent zwischenzeitlich die Destillerie, bevor nach mehreren Renovierungen 1984 Morrison Bowmore die Brennerei übernahm. Trotz der Restauration des Betriebs und der Produktionsanlagen in den vergangenen Jahren wird bei Auchentoshan großen Wert auf die Beibehaltung des traditionellen Herstellungsprozesses gelegt. Im Dezember 2004 öffnete das neue Besucherzentrum seine Pforten.

In den Lowlands gelegen wird die Destillerie mit Quellwasser aus dem Loch Cochno in den Old Kilpatrick Hills gespeist, die geographisch betrachtet bereits zu den Highlands gehören. Das Wasser ist klar und rein und wird durch verschiedene Gesteinsschichten gefiltert.

Die bereits angesprochene Dreifachdestillation findet in den drei Brennblasen von Auchentoshan statt, zwei davon zählen als „wash stills". Die Blasen werden mit Dampf beheizt. Durch die dreifache Destillation entsteht ein ausgesprochen zarter und reiner Rohwhisky mit einem hohen Anteil an Alkohol.

Der Auchentoshan erlangt in Bourbon- und Sherryfässern seine Reife. Seit kurzem ist eine Abfüllung unter der Bezeichnung „Three Wood" erhältlich.

Nach einer über 10-jährigen Lagerung in Bourbonfässern erhält der Single Malt seinen

Feinschliff durch Nachreifung in Oloroso und Pedro Jimenez Sherryfässern.

Ein erheblicher Teil der Produktion geht in Blended Whiskys, vor allem in den Rob Roy, der von Morrison Bowmore selbst vertrieben wird.

Auf seine individuelle Art repräsentiert der Auchentoshan einen weichen und reinen Single Malt von nuancierter Komplexität, wie sie bei Lowland Whiskys selten anzutreffen ist. Im Gegensatz zu den schwereren Single Malts der anderen Regionen stellt der Auchentoshan durch seine Leichtigkeit eine bemerkenswerte Alternative dar.

Sein klarer, einfacher Charakter macht ihn zu einem perfekten Aperitif. Der Einsteiger wählt eine 10-jährige Abfüllung (40 Vol.-Prozent Alkohol) zum Preis von etwa 30 Euro für die 0,7 Liter Flasche.

Aberlour

Dieser Single Malt aus der Speyside stellt weit mehr als einen klassischen Vertreter seiner Region dar. Aberlour ist ein auffallend weicher und milder Whisky mit würzigem und fruchtigem Charakter und einem angenehm malzig-süßen Akzent. Er zählt zu den meist verkauften Single Malts der Welt.

Schon früh in den siebziger Jahren des vergangenen Jahrhunderts erwarb der Konzern Pernod Ricard die Aberlour Destillerie und begann bald, den Whisky in Frankreich entsprechend zu vermarkten – daher wird er vor allem dort als Aperitif geschätzt.

Der Gründer der Brennerei James Fleming, hatte sich schon lange dazu entschlossen, irgendwann seinen eigenen Whisky herzustellen. Er suchte nur noch den richtigen Ort mit dem richtigen Brauwasser für seinen Betrieb. Schließlich stieß er in einem kleinen Tal nahe des Städtchens Aberlour auf die Quelle „St. Drostan's Well", die bereits zu Zeiten der Christianisierung Schottlands als Taufbecken genutzt wurde.

Mit der Gewissheit fündig geworden zu sein, entstanden im Jahre 1879 die Gebäude der Destillerie. James Fleming blieb durch sein soziales Engagement weit über die Grenzen seiner Gemeinde hinaus in bester Erinnerung. So stellte er unter anderem erhebliche finanzielle Mittel für den Bau eines Krankenhauses zur Verfügung. Das Motto seiner Familie »Let the Deed Show« ist auf dem Etikett jeder Flasche von Aberlour abgedruckt.

Ein Brand, bei dem ein Großteil des Destillats verloren ging, zerstörte 1898 die Brennerei, obwohl die Anwohner fässerrollend den Whisky vor den Flammen zu retten versuchten. Unter dem Architekten und Konstrukteur Charles Doig of Elgin wurde die Destillerie wieder aufgebaut. Neben den Standardabfüllungen von Aberlour gibt es einige bemerkenswerte „sherry wood finishs", die überwiegend für den französischen Markt hergestellt werden. Der a'bunadh – zu deutsch „Ursprung" – ist ein Verschnitt von 10- bis 15-jährigen Whiskys in Fassstärke. Zum Antesten der Welt von Aberlour eignet sich die 10-jährige Abfüllung (40 Vol.-Prozent Alkohol) hervorragend. Die Flasche mit 0,7 Litern ist für weniger als 30 Euro erhältlich.

Bowmore

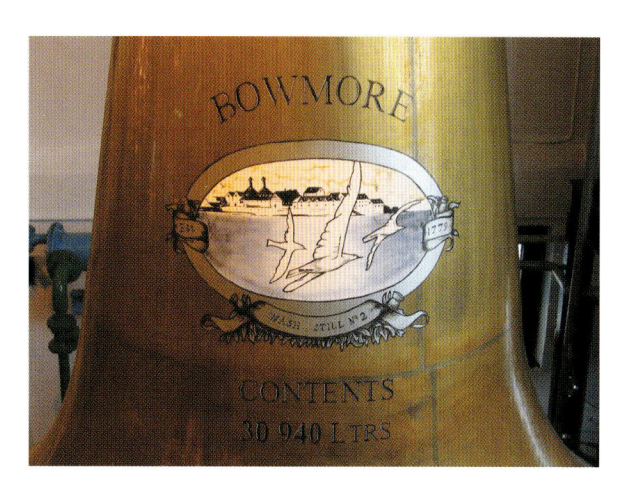

Unter allen Whiskys, die von der Insel Islay stammen, bietet der Bowmore dem Einsteiger vielleicht den leichtesten Zugang. Diesem Single Malt mangelt es zwar wahrlich nicht an Torf und Meersalz in der Flasche, allerdings ist er beileibe kein Schwergewicht wie die Whiskys aus dem Südosten des Eilands.

Im Zentrum der Ortschaft Bowmore – der Hauptstadt Islays – stößt man auf die Gebäude der Destillerie. Gleich daneben befindet sich ein Hallenbad, das in einem ehemaligen Lagerhaus von Bowmore untergebracht ist und interessanterweise dank nachbarschaftlicher Hilfe durch die Abwärme der Brennblasen beheizt wird. Die Brennerei liegt am Loch Indaal, einer großen Bucht, die das Wasser des Atlantiks vor seiner Begegnung mit dem Festland begrüßt. Bei Flut umspült das Meerwasser die Außenfassaden der „warehouses" bis zu einer Höhe von 1,50 Meter. Das lässt den dort gelagerten Whisky nicht unbeeindruckt!

1779 wurde Bowmore von dem Bauern John Simpson als erste legale Destillerie auf Islay gegründet. Nur wenige Male wechselte sie über die Jahre ihren Besitzer, ehe 1963 Stanley P. Morrison den Betrieb übernahm. Morrison Bowmore gehört heute zum japanischen Suntory Konzern.

Die Brennerei mälzt nach alter Tradition einen Teil der Gerste noch selbst. Der Rohwhisky erlangt nicht ausschließlich in Bourbonfässern die Reife, zu knapp einem Drittel finden bei Bowmore Sherryfässer Verwendung, teilweise auch für „finishs".

Die Abfüllungen von Bowmore tragen wohlklingende Bezeichnungen wie Legend, Dawn, Dusk und Surf und stehen für die unterschiedlichen Produkte von Bowmore. So verbirgt sich hinter dem Dawn ein Ruby Portwein finish und hinter dem Dusk ein Bordeaux finish. Zum Einstieg in die Welt der mächtigen und maritimen Islay Whiskys sei der Bowmore Legend (40 Vol.-Prozent Alkohol) empfohlen, der ohne Altersangabe noch jungen, meist 8-jährigen Single Malt enthält. Die Flasche mit 0,7 Litern liegt preislich unter 30 Euro.

Der Abenteurer

»Die Briten sind ein abenteuerliches Volk, Sire. Haben Sie schon ihren Whisky probiert?« fragte Talleyrand einmal Napoleon. Vermutlich hatte sich der Außenminister gerade an einem robusten Island Malt versucht. Der Whisky und das Abenteuer – dass beides zusammengehört, hat wie kein zweites Medium der Film unter Beweis gestellt. Kein guter Western kommt ohne eine Szene im Saloon aus, in der am Tresen Bourbon ausgeschenkt wird, kein Film über die zwanziger und dreißiger Jahre ohne Pianospieler und Whiskybar. Nicht einmal vor den Hauptdarstellern macht die Liebe zum Malt Whisky halt, wie stellvertretend die angeblich letzten Worte von Humphrey Bogart beweisen: »Wäre ich nur niemals von Scotch auf Martinis gewechselt!« Und nicht zuletzt gönnte sich auch Winston Churchill des öfteren einen guten Whisky. Abenteurer unserer Zeit haben ihre Exzentrik oft durch ihre Zuneigung zum Whisky unterstrichen – doch wer ist der Abenteurer wirklich?

Der Abenteurer ist in keiner Lebenslage um eine ungewöhnliche Lösung verlegen. Er versteht es, sich überall zu orientieren und weiß, mit der Technik umzugehen. Er lebt ein unkonventionelles Leben und liebt die Freiheit. Die ständige Herausforderung ist sein roter Faden durch den Tag, die Garantie dafür, dass ihm nicht zu schnell langweilig wird. Er fliegt Überschallflugzeuge, steuert Eisbrecher durchs Nordmeer nach Spitzbergen, berichtet live aus Krisengebieten, lebt im Dschungel zusammen mit Indianerstämmen, segelt mit dem Katamaran alleine um die Welt, erklimmt die höchsten Berge des Planeten und sendet seinen Liebsten Urlaubsgrüße vom Südpol. Der Hang zum Luxus ist ihm völlig fremd – ihm genügt es, wenn die Werkzeuge seines Alltags ihre Funktion erfüllen.

Eine kalte Dusche zieht er stets einem warmen Bad vor, ein einfaches Lagerfeuer einer komfortablen Gasheizung. A propos Lagerfeuer – hier genießt der Abenteurer dreitagebartgeziert seinen Malt Whisky am liebsten. Aber schön rauchig sollte er bitte schön sein! Gegen reichlich Torf, Salz und Seetang im Glas bestehen selbstverständlich (auch) keinerlei Einwände. Es sind die Single Malts von den Inseln und der Küste Schottlands, die diesen Anforderungen gerecht werden. Ob Zufall oder nicht – die Herkunft dieser Whiskys ist für den Abenteurer auch aus landschaftlicher Sicht äußerst reizvoll.

Talisker
The Lava of the Cuillins

Laphroaig
Der alte Seebär

Highland Park
The Northernmost Scotch Whisky Distillery in the World

Isle of Jura
Der einzige Malt von der Isle of Jura

Old Pulteney
The genuine maritime Malt

Während er sich gerade seinem Lieblingswhisky widmet, plant er in Gedanken bereits seinen nächsten Trip auf die Isle of Skye oder die Orkneys, nach Islay oder in die Northern Highlands. Die zerklüfteten Felsklippen, die sich auftürmenden Erhebungen der Berge, der weite Blick über das Meer – die gesamte Szenerie Schottlands liegt ganz klar vor seinem inneren Auge. Und freilich darf nach einem langen Tag des Wanderns und Kletterns dort draußen eines nicht fehlen – der Lieblingswhisky zum Sonnenuntergang.

Zurückgelehnt und mit geschlossenen Augen wird dieser zu sich genommen, möglicherweise in Begleitung einer kräftigen Zigarre. Doch der Abenteurer sucht in seinem Single Malt weniger den Genuss selbst als einen Weg zur Entspannung nach den vielen Stunden konzentrierter Aktivität in der Natur. Für den Abenteurer ist eben alles nur Mittel zum Zweck, aus dem bloßen Genuss macht er sich nichts. Dennoch ist er wählerisch, denn er hat eine exakte Vorstellung von dem, was er braucht und was ihm wohl tut.

Ein Whisky ist für gut befunden, wenn er einen prägnanten Eindruck hinterlässt – seine Nerven kitzelt, seine Kehle erwärmt und seine Sinne berührt. Es gibt viele Gründe dafür, dass ein guter Malt zur Standardausrüstung jedes Abenteurers gehören sollte. Er mobilisiert Kräfte, löst feinen Staub im Rachenraum und bläst die Nase frei. Außerdem eignet er sich hervorragend zur Desinfektion von Wunden. Dies erkannte übrigens auch W. C. Fields, der um die folgende Aussage nicht verlegen war: »Man sollte immer eine kleine Flasche Whisky dabei haben, für den Fall eines Schlangenbisses – und außerdem sollte man immer eine kleine Schlange dabei haben.«

Talisker

Der Talisker ist wahrlich kein Whisky für zarte Gemüter. Sobald die ersten Tropfen des Oloroso Sherry farbenen 10-jährigen den Gaumen berühren, beginnt sich sein mächtiger, rauchiger Geschmack in rasanter Geschwindigkeit zu entwickeln. Daher trägt der Talisker wohl seinen Beinamen ›Lava of the Cuillins‹. Die Cuillins sind die Berge, die sich auf der Isle of Skye – der Herkunft des Taliskers – nahe der Westküste majestätisch in den Himmel türmen. Die beeindruckende Landschaft der Isle of Skye ist einer der Gründe dafür, dass die Insel jedes Jahr unzählige Touristen anzieht.

Talisker – der einzige Single Malt von der Isle of Skye – wird seit 1831 in Carbost, einer kleinen Siedlung am Loch Harport, gebrannt. Die Gründer der Destillerie – die Brüder und Großgrundbesitzer Hugh und Kenneth MacAskill – übernahmen für ihren Whisky einfach den Namen des Gutshauses Talisker House, das sie als Lehen des Clans der Macleods unterhielten. Wirtschaftlich erwies sich die Destillerie bald als Misserfolg, so dass 1848 zunächst die Bank die Pacht übernahm. MacAskills Schwiegersohn Donald McLellan kaufte die Brennerei 1857 für rund 500 Pfund zurück, Talisker befand sich wieder im Familienbesitz. Allerdings ging auch Donald McLellan in Konkurs, und die Destillerie wechselte daraufhin mehrmals ihren Eigentümer. Infolge der wachsenden Nachfrage nach Whisky wurden die Produktionsstätten im Jahre 1900 erweitert. 1925 wurde Talisker schließlich von der DCL übernommen. In den sechziger Jahren des 20. Jahrhunderts brannte die Destillerie nahezu vollständig ab, wurde aber komplett wieder errichtet. Heute gehört die Brennerei zu UDV, dem Nachfolger der DCL. Würdevoll vertritt der Talisker die Island Whiskys unter den sechs Classic Malts von UDV. Außerdem ist der Talisker wichtiger Bestandteil einiger Blends von Johnnie Walker.

Das für den Talisker verwendete Wasser aus der Quelle Cnoc-nan-Speireag zeichnet sich durch seinen hohen Torfgehalt aus, der sich im Geschmack des Whiskys widerspiegelt. Die Destillerie verfügt über fünf Brennblasen, mit denen bis 1928 noch dreifach destilliert wurde. Möglicherweise findet der Talisker aufgrund seines damaligen hochprozentigen Charakters in einem Gedicht von Robert Louis Stevenson mit den Worten »König der Brände, wie ich mich überzeugen konnte« Erwähnung. Zur Kühlung der Brennblasen werden anstelle der heute üblichen Kolonnenkondensatoren noch die traditionellen Schlangenrohrkühler verwendet. Zudem unterscheiden sich die ungewöhnlichen U-förmigen Rückflüsse der beiden „wash stills" von denen anderer Brennereien. Beides Ursachen für den individuellen kräftigen Charakter des Taliskers?

Der Talisker unterstreicht mit seinem wuchtigen Auftritt eindrucksvoll seine Zugehörigkeit zu den Island Malts. Vor allem an einem kalten Winterabend kann man sich hervorragend für ein Glas dieses Whiskys erwärmen. Dem Abenteurer wird eine 10-jährige Abfüllung (45,8 Vol.-Prozent Alkohol) empfohlen. Der Preis für eine Flasche mit 0,7 Litern liegt um die 35 Euro.

Laphroaig

Als „alten Seebären" hat Charles MacLean den Whisky von Laphroaig einmal bezeichnet. Ein anderer bekannter Whisky-Rezensent äußert sich über den Laphroaig nur knapp: »Love it or hate it!«

Ganz sicher zählt der Laphroaig dank seines außergewöhnlich torfigen Wesens zu den markantesten aller Single Malts. Die Destillerie liegt direkt am Meer im Süden der Insel Islay. Die klimatischen Verhältnisse sind daher besonders stürmisch und rau. Prominente Nachbarn der Brennerei sind Lagavulin und Ardbeg, die sich in unmittelbarer Nähe befinden.

Die Brüder Donald und Alec Johnston gründeten 1815 die Destillerie an der Kildalton Küste nahe der beschaulichen Hafenstadt Port Ellen, nachdem man dort bereits einige Zeit lang der Schwarzbrennerei nachgegangen war. Angeblich mussten die Brüder noch über zehn Jahre auf ihre Lizenz warten, so dass der Laphroaig erst 1826 legal hergestellt werden konnte. Weitere zehn Jahre später ging die Destillerie in das alleinige Eigentum von Donald Johnston über, nachdem er seinen Bruder ausbezahlt hatte. 1847 kam er auf tragische Weise bei der Ausübung seiner Arbeit ums Leben, als er in einen Kessel mit Rückständen einer ersten Destillation fiel und ertrank. Da sein Sohn Dugald zur

Übernahme des Betriebs noch zu jung war, leitete der damalige Besitzer von Lagavulin bis zu dessen Volljährigkeit vorübergehend die Destillerie. Um der steigenden Nachfrage nach dem Destillat gerecht zu werden, wurde die Brennerei in den folgenden Jahrzehnten mehrmals erweitert und modernisiert. Noch bis 1954 blieb sie im Familienbesitz, ehe Bessie Williamson – die Assistentin des damaligen Managers – die Leitung des Betriebs übernahm. 1967 verkaufte sie Laphroaig an den Getränkekonzern Long John International, 1990 fiel die Destillerie schließlich an „Allied Distillers Ltd."

Das Quellwasser von Laphroaig stammt vom Kilbride Dam. Nach Stürmen ist die Gegend um die Quelle oft meterdick mit Torf und Algen bedeckt. Daher rühren die algigen und torfigen Noten im Laphroaig.

Als eine von wenigen Destillerien unterhält Laphroaig noch eigene „malting floors", auf denen ein Teil des benötigten Malzes aus Gerste hergestellt wird. Die Malztenne wird traditionell von Spatzen bewohnt; eine Hermelinfamilie hält Mäuse fern.

Das restliche Malz wird von industriellen Mälzereien bezogen. Laphroaig verwendet beim Darren vergleichsweise viel Torf als Brennstoff für das Kilnfeuer. Dies macht den Whisky besonders rauchig und torfig.

Laphroaig verfügt über sieben relativ kleine Brennblasen, die den intensiven Geschmack des Malts unterstützen. Zur Lagerung werden ausschließlich ehemalige Bourbonfässer von Maker's Mark eingesetzt. Laphroaig plant auch heute noch keine Abfüllungen von „double woods".

Der Laphroaig setzt mit seinem maritimen Charakter und seinem hohen Phenolgehalt den Maßstab für alle anderen getorften Single Malts. Er ist definitiv der Kapitän unter den Whiskys von Islay. Bemerkenswert ist zudem sein typisch antiseptischer Geruch. Wen wundert es da, dass der Laphroaig während der Prohibition in Amerika legal als Medizin verkauft werden durfte?

Der Abenteurer wird eine 10-jährige Abfüllung (40 Vol.-Prozent Alkohol) bestimmt zu schätzen wissen. Eine Flasche mit 0,7 Litern ist für rund 30 Euro zu haben.

Highland Park

Bereits nach einem Schluck von einem Highland Park ist man sicher, gerade einen ganz besonderen Single Malt im Glas zu schwenken. Einerseits verweisen seine rauchigen und torfigen Akzente auf seine maritime Herkunft, andererseits wird dieser Eindruck von ausgesprochen harmonischen Geschmacksnoten wie Heidekraut, Honigsüße und Malz überlagert. Der Whisky stammt von den Orkney Islands, nordöstlich des schottischen Festlands gelegen. Die Inselgruppe verkörpert mit ihrer kargen und öden Landschaft eine gewisse Mystik, die von dem Whisky reflektiert wird. Letztendlich hinterlassen auch die stürmischen Winde, die von Zeit zu Zeit über die Inseln fegen, ihre Spuren in den Eichenfässern, in denen der Highland Park nahe des Meeres lagert.

Geographisch betrachtet ist Highland Park die nördlichste Destillerie Schottlands. Eine knappe Meile südlicher liegt die einzige weitere Brennerei der Orkney Islands – Scapa. Die Mitarbeiter von Highland Park produzieren dort saisonal einen wesentlich weicheren, ungetorften Single Malt.

In der Nähe von Kirkwall erbaute David Robinson bereits im Jahre 1795 auf einer Anhöhe die Produktionsanlagen, mit denen 1798 Magnus Eunson – einer der Kirchenältesten der Gemeinde – den ersten Highland Park herstellte. In der Gründerzeit wurde dieser Whisky schwarz gebrannt. Eunson war dem eigenen Produkt alles andere als abgeneigt; ihm wird gar nachgesagt, er habe seinen illegal gebrannten Schnaps notfalls unter der Kanzel verborgen.

Die Bewohner der Insel, denen das Destillat ebenfalls mundete, unterstützten sein Tun und meldeten die Ankunft von Steuereintreibern und Vertretern des Gesetzes umgehend weiter. So blieb die Schwarzbrennerei auf den Orkney Islands unentdeckt, bis Highland Park 1826 eine Lizenz zur rechtmäßigen Herstellung von Whisky erwarb. Gegen Ende des 19. Jahrhunderts kaufte James Grant von The Glenlivet die Destillerie, veräußerte jedoch seine Anteile 1937 an das Unternehmen Highland Distillers. Heutiger Besitzer der Brennerei ist die Edrington Group, die 1999/2000 aus den Highland Distillers hervorging.

Cattie Maggie – die Wasserquelle von Highland Park – liegt unterirdisch weniger als eine Meile entfernt hinter der Destillerie. Das Wasser sickert durch massiven Sandstein und weist für einen Whisky einen ungewöhnlich hohen Härtegrad auf. Auch Highland Park ist eine der wenigen Destillerien, die noch eigene „malting floors" für die Malzherstellung unterhalten. Der Torf für das Kilnfeuer, über dem die Gerste gedarrt wird, stammt aus dem nahegelegenen Hoobister Moor. Bei Highland Park finden lediglich die jungen oberen Schichten des Torfmoores Verwendung, die über merkliche Spuren von Heidekraut und Wurzeln verfügen.

Highland Park besitzt zwei Brennblasenpaare, in denen der Whisky doppelt destilliert wird. Ungewöhnlicherweise sind „wash stills" und „spirit stills" gleich groß. Die Reifung des Highland Park erfolgt traditionell in Sherryfässern, was die Komplexität des Whiskys beträchtlich erhöht. Die niedrigen Lagerhäuser mit ihren Erdfußböden wurden aus dem lokal typischen Sandstein errichtet.

Der Highland Park ergänzt einige bekannte Blends, in denen er als Katalysator fungiert, um Geschmacksnoten anderer Whiskys herauszubringen. Der Highland Park kombiniert auf einzigartige Weise einen ausgeprägten maritimen Charakter mit den harmonischen Elementen eines hervorragenden Highland Whiskys. Seine Zugehörigkeit zu den typischen Island Malts bleibt durch die kraftvolle Entfaltung von Rauch und Torf auf dem Gaumen gewahrt. Der Abenteurer möge sich an einem 12-jährigen Highland Park (40 Vol.- Prozent Alkohol) erfreuen. Die Flasche mit 0,7 Litern Inhalt kostet rund 35 Euro.

Isle of Jura

Eine eindrucksvolle Landschaft und die außergewöhnliche geographische Lage der Isle of Jura – sie liegt zwischen dem schottischen Festland und der für ihre markanten Whiskys bekannten Insel Islay – zieht seit Jahren Reisende aus aller Welt an. Die Insel, deren Name auf die skandinavische Bezeichnung für Rotwild zurückgeht, ist mit rund 200 Einwohnern kaum besiedelt. Eine einzige Straße verbindet hier die wichtigsten Punkte. In der Abgeschiedenheit von Jura verfasste George Orwell Ende der vierziger Jahre des vergangenen Jahrhunderts seine berühmte Zukunftsvision ›1984‹.

Die Anfänge des Whiskybrennens auf Jura führen bis in 16. Jahrhundert zurück. Die Isle of Jura-Destillerie wurde um 1810 von Archibald Campbell – einem Gutsherren – in der einzigen Siedlung Craighouse gegründet. Seit dieser Zeit wird torfiges Brauwasser aus der Quelle Bhaille Mharghaidh, die in der hinter der Brennerei gelegenen Hügelkette liegt, verwendet.

Die Fergusons – eine spätere Besitzerfamilie – stellten zu Beginn des 20. Jahrhunderts die Produktion ein, verkauften die Anlagen und rissen die Gebäudedächer ab. Die Destillerie glich einer Ruine. 1958 begann man mit dem Neubau der Brennerei, am 26. April 1963 wurde sie wieder eröffnet.

Im Vergleich zu den benachbarten Islay Malts fällt der Whisky von Isle of Jura überraschend leicht aus. Er schmeckt sehr weich und verfügt über ein elegantes, trockenes Wesen. Obwohl er zu den Highland Whiskys gezählt wird, finden sich die typischen Eigenschaften eines Island Malts auch im Isle of Jura wider. Neben vorherrschenden malzigen und süßlichen Noten entwickeln sich sanfte Anklänge von Torf und Meersalz. Der unverfälschte Charakter der 10-jährigen Abfüllung (40 Vol.-Prozent Alkohol) lässt die Herzen aller Abenteurer höher schlagen. Der Preis für die 0,7 Liter Flasche liegt bei etwa 30 Euro.

Old Pulteney

Im dünn besiedelten Norden Schottlands dominieren karge Landschaften und ein Hauch von Ursprünglichkeit das Bild. Old Pulteney kann von sich guten Gewissens behaupten, die am nördlichsten auf dem schottischen Festland gelegene Destillerie zu sein. Die Brennerei ist in einem Vorort des Fischerstädtchens Wick beheimatet. Dort liegt sie ganz in der Nähe der rauhen und felsigen Küste der Nordsee. Der Name der Destillerie geht unüblicherweise auf eine Person zurück, nämlich auf Sir William Johnstone Pulteney, seines Zeichens Gouverneur der British Fisheries Society. Der Fischfang war damals wie heute der bedeutendste Wirtschaftsfaktor der Region, was unter anderem durch den Aufdruck eines Fischloggers auf den Flaschen von Old Pulteney unterstrichen wird. Die Brennerei nahm 1826 unter James Henderson – einem Mann vom Fach – die Produktion auf. Zuvor hatte James Henderson jedoch noch ein kleines Problem zu lösen.

Die bei MacTaggarts in Campbeltown erworbene „wash still" stellte sich als zu hoch für den Einbau in das vorgesehene Gebäude heraus. Der Schwanenhals der Brennblase wurde nach kurzer Überlegung einfach geköpft. Das recht ungewöhnliche Ergebnis hatte aber anscheinend keinen negativen Einfluss auf den Whisky. Das Quellwasser von Old Pulteney wird dem benachbarten Loch Hempriggs entnommen. Infolge geringer Nachfrage musste die Brennerei zwischen 1930 und 1951 ihren Betrieb einstellen. Lange Zeit war der Old Pulteney wichtigster Bestandteil von Ballantine's. Erst seit 1997 sind Erzeugerabfüllungen des Old Pulteney erhältlich.

Die Nähe der Destillerie zur See prägt den Charakter dieses Single Malts maßgeblich. Der Whisky duftet nach Torf, Seeluft und Gräsern. Ein langanhaltender Geschmack nach Meersalz wird überlagert von süßen und nussigen Tönen. 0,7 Liter der 12-jährigen Abfüllung (40 Vol.-Prozent Alkohol) sind für rund 35 Euro zu haben.

Der Kosmopolit

»Whisky ist kein Getränk, Whisky ist eine Weltanschauung.« Diese Feststellung stammt von Rudyard Kipling – Literat, Nobelpreisträger und Kosmopolit. Mit seiner Leidenschaft zur schottischen Version des ›water of life‹ befindet er sich in seiner Zunft in guter Gesellschaft. Ernest Hemingway war ihr genauso verfallen, und James Joyce' Vorliebe lässt sich nach der Lektüre seines Werkes ›Dubliner‹ auch erahnen: »Die leichte Musik des in die Gläser fallenden Whiskys bildete ein angenehmes Zwischenspiel.«

Doch wie kann das Verhältnis zwischen Kosmopolit und Whisky beurteilt werden? Ist es tatsächlich von wahrer Liebe geprägt, oder ist der Konsum des flüssigen Goldes für den Kosmopoliten lediglich Ausdruck des Weltbürgertums nach außen?

Der Kosmopolit ist in der ganzen Welt zu Hause. Ihr fühlt er sich mehr als allem anderem verbunden und sie bedeutet für ihn das Leben. Das Verharren an einem Ort entwickelt sich für ihn mit zunehmender Dauer zur Qual. Er ist abhängig von steter Veränderung, Mobilität zählt er zu seinen Existenzgrundlagen. Verschiedensten Kulturen steht er offen gegenüber.

Der Kosmopolit ist sprachbegabt. Neben einer Hand voll Fremdsprachen beherrscht er zumeist auch die wichtigsten Dialekte. Mit großer Begeisterung übernimmt er lokale Gepflogenheiten und Bräuche. Wohin auch immer es ihn verschlägt, rasch weiß er über Vorlieben und Trends der aktuellen Region bescheid. Er kennt den spezifischen Humor der verschiedenen Kulturen und versteht ihn bei seinen Begegnungen mit Einheimischen geschickt einzusetzen. So schließt er schnell Freundschaften und wird wahlweise in das gerade angesagteste Restaurant der Stadt, den populärsten Club oder die beliebteste Bar eingeladen. Vor allem in letztgenannter fällt ihm die Entscheidung für einen Whisky recht leicht.

Bei gedämpftem Licht und dezenter Jazzmusik landet er dann bei einem der ganz großen, weltbekannten schottischen Single Malts. Der Kosmopolit bevorzugt eher solche Tropfen, die geschmacklich über eine gewisse Komplexität verfügen.

Schließlich sind ihm die fachlichen Aus-

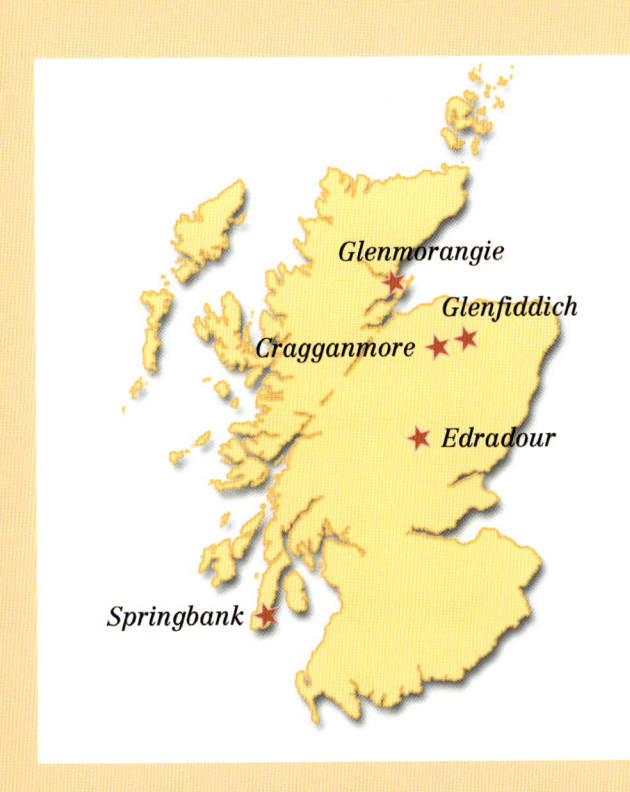

GLENMORANGIE
Handcrafted by the ›sixteen Men of Tain‹

EDRADOUR
Handmade in Scotland's smallest Distillery

SPRINGBANK
The Campbeltown Malt

GLENFIDDICH
The World's favourite Single Malt Scotch Whisky

CRAGGANMORE
The Speyside Masterpiece

führungen des Schotten, mit dem er bei seinem jüngsten Trip nach Glasgow in der Hotellounge bis lange nach Mitternacht plauderte, über den Genuss von Single Malt noch in bester Erinnerung.

Daher weiß er von der Aromavielfalt und der Kultur der Degustation des schottischen Nationalgetränks – und dieses Wissen soll angewandt sein! Selten fällt seine Wahl auf einen leichten, weichen Whisky.

Überhaupt muss seiner Meinung nach ein Whisky Stil verkörpern, die Destillerie seiner Herkunft eine bemerkenswerte Geschichte zu erzählen haben – dies sind die Eigenschaften, die einen guten Whisky ausmachen. Erkennungswert sowie Identifikation mit einer Marke sind dem Kosmopoliten äußerst wichtig, geschmackliche Nuancen gelegentlich schon mal zweitrangig! Selbstverständlich kann auch er einen Single Malt benennen, der in seiner Gunst ganz oben steht. Auf der Suche nach seinem Lieblingswhisky hat er es sich nicht leicht gemacht und bei verschiedenen Gelegenheiten zahlreiche Abfüllungen verkostet. Bei seiner endgültigen Wahl handelt es sich dann durchaus um eine ehrliche Entscheidung. Doch wetten, dass diese insgeheim mit einem schönen Augenblick in der Ferne verknüpft ist, einem Moment, der durch den auserwählten Single Malt auch heute noch anzuhalten erscheint! Gewiss steht ein guter Whisky immer für eine schöne Erinnerung zur Verfügung.

Selbst in den abgelegensten Winkeln der Welt vermag ein Single Malt eine deutliche Präsenz von Zivilisation auszustrahlen. Er ist ein Fels in der Brandung, in fremder Umgebung ein guter

Glenmorangie

Der Glenmorangie ist den Verkaufszahlen in Schottland nach zu urteilen der beliebteste Single Malt unter den eigenen Landsleuten. Glenmorangie – das ist gälisch und bedeutet Tal der tiefen Ruhe, was sich im Wesen dieses Whiskys widerspiegelt. Er lässt es recht gemächlich angehen, im Gaumen gibt er erst nach und nach seine gesamten geschmacklichen Nuancen preis, die von fruchtigen Tönen über würzige und cremige Noten bis hin zu einer dezenten Prise Meersalz reichen. Kein Wunder, liegt doch die Destillerie einige Dutzend Meilen nördlich der Stadt Inverness am Südufer des Dornoch Firth, der in die Nordsee übergeht.

Die Anfänge der Whiskyherstellung in der heutigen Glenmorangie Destillerie reichen bis ins Jahr 1703 zurück, als dort nachweislich illegal gebrannt wurde. Mitte des 18. Jahrhunderts entstand auf dem Gelände eine Brauerei, die die Bürger der für ihren Sandstein bekannten Stadt Tain mit Bier versorgte.

Erst einhundert Jahre später entschloss sich William Mathieson dazu, in Tain wieder Whisky herzustellen und gründete 1843 die Glenmorangie Destillerie. In seinen finanziellen Möglichkeiten eingeschränkt, erwarb er zwei gebrauchte Brennblasen aus einer englischen Gin-Fabrik. Mit einer Höhe von 5,14 Metern verfügt Glenmorangie somit nicht nur über die höchsten Brennblasen unter den schottischen Whisky-Brennereien, auch die Rückläufe in der Form eines Schwanenhalses sind einzigartig. Gegen Ende des 19. Jahrhunderts produzierte Glenmorangie seinen Whisky nicht mehr für den regionalen Markt, sondern begann ihn bewusst nach Amerika und auf das europäische Festland zu exportieren.

1918 übernahm mit der Aktiengesellschaft Macdonald and Muir der ehemals größte Kunde von Glenmorangie die Destillerie. Als eine der ersten Brennereien nach Glenfiddich begann Glenmorangie in den siebziger Jahren des 20. Jahrhunderts mit dem Vertrieb ihres Whiskys als Single Malt. Aufgrund der weltweiten Bekanntheit der Marke profitierte Glenmorangie sehr bald schon von dem einsetzenden Boom der Single Malts. Die steigende Nachfrage führte 1980 zu einer Erweiterung der Brennkapazität um zwei Brennblasen, die den beiden vorhandenen originalgetreu nachempfunden wurden, um den Charakter des Whiskys nicht zu beeinflussen. 1993 wurden schließlich vier weitere Brennblasen installiert, selbstverständlich ebenfalls alles Replikate.

Seit jeher sind es immer nur 16 Menschen, die in der Destillerie gleichzeitig beschäftigt sind und den Glenmorangie herstellen. In der Gegend bezeichnet man sie liebevoll als ›the sixteen Men of Tain‹. Glenmorangie nutzt ein sehr hartes Wasser, das aus der Tarlogie Quelle stammt. Eine halbe Meile von der Destillerie entfernt sickert das Wasser dort zunächst durch zahlreiche Sandsteinschichten und fließt dann über Heidekraut und Klee.

Die acht hohen Brennblasen – davon vier „wash stills" und vier „spirit stills" – erzeugen trotz des harten Quellwassers einen vergleichsweise weichen Single Malt.

Beim Bezug der Eichenfässer für die Reifung gehen Destillerie-Manager Graham Eunson und Master Blender Dr. Bill Lumsden ganz neue Wege. Zur Sicherstellung des Bedarfs erwarb Glenmorangie eigens ein Waldstück in den Ozark Mountains in Missouri. Die Fässer werden aus dem Holz dieser Bäume vor Ort gefertigt und vor ihrem Import nach Schottland vier Jahre lang an Jack Daniels in Lynchburg, Tennessee ausgeliehen. Einen großen Teil seines Whiskys vertreibt Glenmorangie als „double woods".

Neben Sherry und Portwein finishes bietet Glenmorangie seinen Single Malt auch in Rum- und verschiedenen Rotweinfässern nachgereift an. Glenmorangie füllte Anfang der neunziger Jahre die ersten Flaschen in Fassstärke ab. Der Whisky von Glenmorangie wird ausschließlich als Single Malt verkauft. Es existieren darüber hinaus keine unabhängigen Abfüllungen.

Schon Ende des 19. Jahrhunderts begann der Glenmorangie seinen Siegeszug durch die Bars und Clubs in Städten wie New York, London, Paris und Tokio. Egal an welcher Theke der Welt dieser Whisky bestellt wird, nach einem Schluck entführen sein weicher Charakter und die Geschmacksnoten von Heidekraut und Früchten den Genießer gedanklich in die schottischen Highlands.

Der Kosmopolit sollte sich an der Bar an einer 10-jährigen Abfüllung (40 Vol.-Prozent Alkohol) versuchen und die Augen schließen. Der Preis einer Flasche mit 0,7 Litern liegt um die 30 Euro.

Edradour

Edradour ist eine Destillerie wie aus dem Märchen. Inmitten der weiten Berglandschaft der Eastern Highlands trifft man bei Pitlochry auf die beschaulichen Gebäude der kleinsten Brennerei Schottlands. Hier wird in einem Jahr die Menge an Whisky hergestellt, die eine gewöhnliche Destillerie in einer Woche zu erzeugen in der Lage ist. Dagegen beträgt der wöchentliche Ausstoß bei Edradour nur zwölf Eichenfässer voll Rohwhisky – auf die Produktionsmenge kommt es den Besitzern nicht in erster Linie an. Vielmehr zählen hier Werte wie Tradition und Authentizität – so wurde beispielsweise erst 1974 der elektrische Strom eingeführt. Lediglich drei Angestellte produzieren diesen Single Malt, sozusagen ›im Labormaßstab‹ überwiegend noch mit dem Equipment aus längst vergangenen Tagen. Edradour wurde im 19. Jahrhundert als Farmdestillerie gegründet und ist es bis heute geblieben. Die Herstellung erfordert mehr körperlichen Einsatz als anderenorts. Liebhaber beteuern, dass man die Handarbeit aus dem Whisky herausschmeckt. Deutlich sind auf jeden Fall die würzigen, leicht rauchigen und je nach Abfüllung auch fruchtigen Noten. Der Whisky selbst ist leicht, seine Textur ausgesprochen cremig.

Das offizielle Gründungsjahr von Edradour wird mit 1837 angegeben, auch wenn auf dem Gelände der heutigen Destillerie schon seit mindestens 1825 schwarzgebrannt wurde. Bauern aus der Umgebung trafen sich hier, um Whisky für den Eigenbedarf herzustellen. Dies änderte sich nach der Gründung von Edradour zunächst auch nicht, obwohl die staatliche Lizenz die Aktivitäten legitimierte. Erst 1841 brachten die Eigentümer den Whisky auf den Markt und machten ihn einem breiteren Publikum zugänglich. Die Besitzverhältnisse wechselten in Folge recht häufig, ehe William Whiteley im Jahre 1922 die Destillerie übernahm. Er wählte den Whisky von Edradour als Hauptkomponente für seinen Blend King Ransome – dem berühmtesten Blend der zwanziger Jahre des 20. Jahrhunderts. Überhaupt mangelte es ihm selten an Einfallsreichtum. Zur Belieferung von Schmugglern in der Zeit der Prohibition in den Vereinigten Staaten entwickelte er für seinen Whisky spezielle Behältnisse, die perfekt in die damals gebräuchlichen Torpedos passten. Diese wurden dann nachts von Schiffen aus in Richtung der Strände von Long Island abgefeuert.

1992 kaufte Pernod-Ricard die Destillerie. Seit 2002 gehört Edradour zu dem unabhängigen Abfüller Signatory. Zu gleicher Zeit konnte mit Iain Henderson eine wahre Whisky-Legende als Manager der Brennerei gewonnen werden. Nach seiner Zeit bei Laphroaig hatte er sich eigentlich bereits in den Ruhestand begeben, doch anscheinend gilt sein Leben – Iain Henderson war bei einem guten Dutzend verschiedener Destillerien beschäftigt – ganz und gar dem Whisky. Unlängst wurden die ehemaligen „malting floors" der Brennerei in ein kleines Besucherzentrum umgewandelt.

Das Quellwasser für den Whisky von Edradour wird mehreren Quellen entnommen, die sich am Moor Moulin befinden. Die Gerste stammt zum großen Teil von Feldern aus dem Umland. Im einzigen Maischebottich haben nur rund 1.000 kg Malz Platz, die Rückstände müssen mit einer Schaufel entfernt werden.

Infolge der begrenzten Produktionsfläche dient lediglich ein einzelnes Paar Brennblasen zur Destillation des Rohwhiskys. Die Blasen sind sehr klein und wirken aufgrund ihrer kurzen Hälse ein wenig gedrungen. Sie werden mit Dampf beheizt.

Der Edradour lagert in Bourbon- und Sherryfässern. Etwa 2.000 Kisten des reifen Whiskys werden jährlich für den Verkauf abgefüllt. Der Rest geht in das ›Blend House of Lords‹. Der Gegensatz könnte kaum größer sein – in den guten, großen Bars dieser Welt trifft man auf den Single Malt aus der kleinsten Destillerie Schottlands. Geschmack und Charakter dieses Whiskys sind derart unverkennbar, dass der Kosmopolit schon nach nur einem Schluck in Gedanken bei Iain Henderson und seinen drei Angestellten ist. Im Fachhandel zu finden ist die 10-jährige Abfüllung (40 Vol.-Prozent Alkohol) mit einem Preis von 45 Euro für die 0,7 Liter Flasche.

Springbank

Mit dem Springbank kommt ein ganz besonderer Single Malt aus der ehemaligen Whisky-Hauptstadt Campbeltown. Aus geographischer Sicht liegt Campbeltown am südlichen Ende der langgestreckten Halbinsel Kintyre, und Reisende von Irland auf ihrem Weg auf das schottische Festland müssen hier im Mittelalter in reicher Zahl vorbeigekommen sein. Daher bestehen Vermutungen, dass die Kunst des Destillierens einst von Irland aus über Kintyre nach Schottland gelangte und Campbeltown zu den frühen Hochburgen des Whiskys gehörte. Über Land für Zollbeamte und Steuereintreiber nur schwer zu erreichen, blühten hier im 17. und 18. Jahrhundert Schwarzbrennerei und Schmuggel. Nach dem ›Act of Excise‹ von 1823 schossen in Campbeltown neue, lizensierte Brennereien wie Pilze aus dem Boden. Zeitweise konnten in dem Städtchen über 30 operierende Betriebe gezählt werden, und der Ruf von Whisky aus Campbeltown wurde legendär. Von diesen Destillerien konnten nur zwei bis heute überleben, unter ihnen Springbank. Der Springbank ist durch einen öligen und salzigen Auftritt gekennzeichnet; bereits die jungen Abfüllungen erreichen eine enorme geschmackliche Komplexität. Insbesondere in Japan erfreut sich der Springbank großer Beliebtheit.

Die Springbank Destillerie brannte schon zuvor Whisky, doch erst im offiziellen Gründungsjahr 1828 wurde eine Lizenz erworben. In den Dreißiger Jahren des 19. Jahrhunderts stiegen die Brüder John und William Mitchell in das Geschäft mit ein. John erklärte später seinen Sohn Alexander zu seinem Partner und so entstand der bis heute erhalten gebliebene Name des Unternehmens J & A Mitchell & Co. Ltd. Zwischen 1926 und 1935 sowie 1982 und 1988 blieb die Brennerei geschlossen. Springbank gehört zu den wenigen Destillerien, die bis heute in Familienbesitz geblieben sind. Hedley Wright leitet die Brennerei in der siebten Generation.

Seit der Gründung wurden keine wesentlichen Änderungen an den Einrichtungen zur Whiskyherstellung vorgenommen. So sind unter anderem die ursprünglichen Gebäude erhalten geblieben. Traditionell wird die Gerste noch auf den eigenen malting floors gemälzt und über Kilnfeuer unter Zugabe von Torf gedarrt. Auch heute noch finden die alten, gusseisernen Maischebottiche und Brennblasen Verwendung.

Die einzigartigen Brennblasen werden durch eine Kombination aus Dampfrohren und Ölbrenner befeuert. Zusätzlich verfügt die einzige wash still über ein Rührwerk, um das Anbrennen von Hefebestandteilen am Boden zu verhindern.

Ebenso greift Springbank aus Tradition noch auf eine alte Hefekultur zum Einsatz bei der Gärung zurück. Diese erzeugt eine Würze mit einem Alkoholgehalt von lediglich 5 Vol.-Prozent. Daher destilliert Springbank den Mittellauf des zweiten Brennvorgangs ein drittes Mal, damit der Rohwhisky einen für die Reifung ausreichenden Alkoholgehalt erreicht.

Bei Springbank wird diese ungewöhnliche Art der Herstellung als zweieinhalbfache Destillation bezeichnet. Diese Produktionsmethode beeinflusst den Charakter des Whiskys erheblich. Der

Springbank wird in Campbeltown auf einer firmeneigenen Anlage in Flaschen abgefüllt und ist weder kühlgefiltert noch mit Farbstoff versehen. Die Abfüllanlage teilt sich der Betrieb mit dem unabhängigen Abfüller Cadenhead, an dem Springbank beteiligt ist. Von Cadenhead stammen daher einige mitunter sehr interessante Abfüllungen, darunter ein in einem Rumfass gereifter Springbank, der in seiner Farbgebung nach manchem Geschmack zu grünlich geraten ist.

Seit 1973 wird mit Longrow – diese Destillerie stand einst auf dem heutigen Parkplatz von Springbank – saisonal ein zweiter Single Malt hergestellt. Der Longrow zeichnet sich durch seinen hohen Torfgehalt und eine vollständige dritte Destillation aus. Ein weiteres Kind – der Hazelburn – reift seit 1999 in den Lagerhäusern der Destillerie. Der Springbank ist vor allem in den Spitzen-Bars des fernen Ostens zu Hause. Doch auch in Europa und Amerika lässt sich dieser außergewöhnliche Single Malt auf den Getränkekarten mehr und mehr finden. Die gleichermaßen fruchtigen wie torfigen Duftnoten einer 15- jährigen Abfüllung (46 Vol.-Prozent Alkoholgehalt) versetzen den Kosmopoliten zurück in die Glanzzeit Campbeltowns, in denen gute Whiskys von dort ähnlich kraftvoll und komplex geschmeckt haben müssen. Die Flasche mit 0,7 Litern ist für rund 75 Euro erhältlich.

Glenfiddich

Der Whisky von Glenfiddich aus der Speyside ist der meistverkaufte Single Malt weltweit. Keine andere Marke vermag stellvertretend den Siegeszug der schottischen Single Malts derart angemessen zu repräsentieren wie Glenfiddich. Denn im Jahre 1963 entschloss sich eben jene verschlafene Destillerie in der Nähe von Dufftown, ihren Whisky überregional als Single Malt zu vermarkten, während die anderen Produzenten noch lange Zeit ausschließlich für die Blended Whiskys brennen sollten. Damals herrschte die allgemeine Vorstellung, der Konsument wisse mit dem markanten und begrenzten Charakter eines Single Malts nichts anzufangen. Die Whiskyindustrie irrte und überließ den Markt zunächst einem mutigen Pionier. Vom Erfolg von Glenfiddich angezogen, begannen allerdings bald darauf einige Brennereien nachzuziehen und ihre Whiskys als Single Malt abzufüllen.

1886/1887 von William Grant und seinen drei Söhnen mit der gebrauchten Ausrüstung von Cardhu erbaut, liegt die Destillerie am Fiddich – einem schmalen Fluss – und ist gleichzeitig Namensgeber der größten Brennerei Schottlands. Am Weihnachtstag des Jahres 1887 lief schließlich der erste Rohwhisky aus der spirit still. Heute verfügt Glenfiddich über insgesamt 30 Brennblasen, die nach alter Tradition noch mit Kohle befeuert werden. Der Whisky erlangt hauptsächlich in Eichenfässern seine Reife, nur etwa ein Zehntel der Produktion wird in Sherryfässern gelagert. Als einzige Destillerie Schottlands ist Glenfiddich bis heute im Eigentum der Gründerfamilie geblieben. Traditionsverbunden und zugleich immer offen für innovative Ideen haben sich die Grants ihre Unabhängigkeit über all die Jahre bewahrt.

Wo auch immer man sich auf dieser Welt entspannt dem Genuss eines guten Single Malts hingeben möchte, ein Glenfiddich ist meistens schnell zur Hand. Der Whisky verfügt über ein angenehm leichtes und mildes Wesen. Malzigsüße und nussige Töne verbinden sich mit weiteren Aromen, die mit steigendem Alter der Abfüllung die Komplexität beträchtlich erhöhen. Beim 15-jährigen Glenfiddich (40 Vol.-Prozent Alkohol) werden die Whiskys durch das von Master Blender David Stewart entwickelte Solera-Verfahren miteinander vermählt.

Der Preis für die 0,7 Liter Flasche liegt bei knapp 40 Euro.

Cragganmore

Der Whisky von Cragganmore – ursprünglich ausschließlich für die Herstellung von Blends bestimmt – ist erst seit Anfang der achtziger Jahre als Single Malt erhältlich. Trotzdem blieb der Cragganmore dem breiten europäischen Publikum zunächst weitgehend unbekannt, da er überwiegend nach Australien und Neuseeland exportiert wurde. Mit der Aufnahme in die Familie der Six Classic Malts of Scotland von UDV gewann der Cragganmore rasch zahlreiche Anhänger auch in Europa. Dies geschah vollkommen zu recht, da sich dieser eher untypische Speysider – für den ein ungewöhnlich hartes Wasser verwendet wird – durch enorme aromatische Komplexität auszeichnet.

Cragganmore ist eine der westlichst gelegenen Brennereien in der Speyside. Von Aberlour aus trifft man auf etwa halbem Wege nach Grantown-on-Spey auf diese malerische Destillerie. Sie trägt den Namen des hinter ihren Gebäuden liegenden Hügels Cragganmore, von dem aus sich dem Beobachter ein atemberaubender Blick über die Spey eröffnet. Das Wasser, das von diesem kleinen Berg herabfließt, versorgt die Produktion der Brennerei. Vor der Eröffnung von Cragganmore im Jahre 1869 konnte der Gründer John Smith bereits in den Brennereien von Macallan, Glenlivet und Glenfarclas wertvolle Erfahrungen sammeln. John Smith beherrschte aber nicht nur sein Handwerk, er war auch von den logistischen Möglichkeiten der Eisenbahn begeistert. Glücklicherweise verlief die Strathspey Railway Line in unmittelbarer Nähe der Destillerie, und so ließ er Cragganmore über ein Privatgleis als erste Brennerei Schottlands an das Eisenbahnnetz anbinden. Er selbst zählte die Eisenbahn übrigens zu seinen favorisierten Transportmitteln, wobei er aufgrund seiner stämmigen Statur im Güterwaggon mitfahren musste, da er nicht durch die Türen der Personenwagen passte. 1902 wurde die Brennerei von seinem Sohn Gordon Smith umfassend saniert, heute gehört Cragganmore zum Getränkekonzern Diageo.

Der Cragganmore weiß durch einen appetitlichen und wohlriechenden Duft zu gefallen. Er ist äußerst trocken und verfügt über reichhaltige, herbe und blumige Akzente.

Die 12-jährige Standardabfüllung (40 Vol.-Prozent Alkohol) eignet sich hervorragend als Digistif. Für die 0,7 Liter Flasche sind rund 35 Euro fällig.

Der Connaisseur

Warum handelt es sich bei einem Single Malt um etwas Besonderes? Auf diese Frage sind bei intensiver Auseinandersetzung mit der Materie durchaus zahlreiche Antworten denkbar. Der Connaisseur liefert die Erklärung mit einer Gegenfrage. Worin unterscheidet sich ein Bentley von einem gewöhnlichen Fahrzeug? – Bei erster Betrachtung verfügen beide über einen Motor, ein Lenkrad, zwei Achsen und vier Räder. Beide dienen der Fortbewegung von einem Ausgangspunkt zu einem Ziel. Im Vergleich bereitet die Fahrt in einem Bentley hingegen wesentlich mehr Vergnügen, so dass häufig der Fahrspaß anstelle der Ankunft am Ziel im Vordergrund steht. Mit einem Single Malt verhält es sich für den Connaisseur ganz ähnlich! Dieser Typus differenziert nämlich erheblich zwischen einem einfachen Drink und einem guten Tropfen – ganz gleich ob von Wein, Cognac oder Whisky die Rede ist. Pure Blasphemie, ihn achtlos nur nebenbei runterzukippen wie einen Magenbitter oder etwa mit einer Cola zu verdünnen!

Der Genuss eines Single Malts erfordert Ruhe, vollständige Konzentration und Zeit. Er erhebt von sich aus den Anspruch, zelebriert zu werden.

Genuss und ein guter Whisky gehören eng zusammen. Kein Wunder demnach, dass viele Connaisseurs irgendwann den Weg zum schottischen ›water of life‹ finden. Doch natürlich können sich längst nicht alle Whiskyliebhaber einen Connaisseur nennen. Was macht ihn nun grundsätzlich aus – den Connaisseur?

Er ist ein Ruhepol und steht für Werte ein. Dabei ist der Connaisseur keineswegs konservativ, eher unkonventionell – in jedem Fall aber kultiviert. So spielt er möglicherweise Klavier oder Geige, schlägt in der Tageszeitung als erstes das Feuilleton auf, zieht einen Besuch des Theaters den im Kino vor und zitiert mit Vorliebe aus Werken von Shakespeare, Goethe und Schiller. Der Connaisseur ist nahezu ständig auf der Suche nach dem Schönen und Vollkommenen im Leben. Seine Suche benötigt bisweilen einiges an Zeit und erfordert reichlich Geduld. Beides bringt er gerne mit. Schließlich ist seine Triebkraft die Freude, fündig geworden zu sein. Leidenschaften, die sich erst einmal entwickelt haben, werden nun regelmäßig und intensiv gepflegt. Die Subjekte seiner Leidenschaften können vielfältiger Natur sein. Alle teilen sie jedoch eine Gemeinsamkeit – Authentizität!

MACALLAN
The Dom Pérignon of Scotch

ARDBEG
The Jewel of Islay

DALMORE
The classic Highland Malt

THE GLENLIVET
One Place, one Whisky

LAGAVULIN
The Lord of the Isles

Ein Single Malt verkörpert durch seine wenigen, reinen Rohstoffe sowie seine zentrale Herkunft etwas ganz und gar Authentisches. Genau danach ist der wahre Connaisseur im Grunde genommen auf der Suche, dem zweifelsfrei Authentischen – oder mit den Worten des Philosophen und Soziologen Theodor Adorno: »Nach etwas, das nicht anders sein kann, als es ist.«

Der Connaisseur sucht und bewertet individuell und subjektiv, so dass zwischen zwei Vertretern dieses Charakters bei der Diskussion über ein Thema glücklicherweise selten Einigkeit herrscht. Rasch stellte sich sonst wohl Langeweile ein, wenn alle beim Macallan landeten!

Whiskyfans sind vielmals auch echte Feinschmecker. Der Connaisseur weiß, die richtigen Single Malts zu den Gängen eines Fünf-Gänge-Menüs zu kombinieren. Für den Whiskygenuss selbst nimmt er sich Zeit, sein Ablauf gleicht nicht selten einem Ritual.

Dafür trinkt er höchstens zwei, drei Drams an einem Abend, der – je nach Laune – mit einer erlesenen Zigarre beschlossen wird. Seinem Lieblingswhisky frönt er am liebsten in einer klassischen Whisky-Bar oder in aller Ruhe auch zu Hause. Hier hat er einen Schrein für seine besten Flaschen eingerichtet, von denen er zumeist weit mehr als nur eine Hand voll bevorratet.

Unter ihnen finden sich Speysider und Highlander, Abfüllungen von Islay und aus den Lowlands, fruchtig-süße Tropfen gleichermaßen wie salzig-torfige und malzig-trockene. Wetten, dass auf den Regalbrettern für jede erdenkliche Stimmungslage der passende Single Malt thront?

Macallan

Der Macallan wird vielfach als der Exzentriker unter den schottischen Single Malts dargestellt. Das mag möglicherweise eine kleine Übertreibung sein, doch beansprucht dieser Whisky aus der Speyside tatsächlich vielerlei Besonderheiten für sich. Obwohl sich die Destillerie seit einigen Jahren nicht mehr im Familienbesitz befindet, agiert das Management weitgehend unabhängig und so manches Mal auch ein wenig eigensinnig. Bei der Herstellung von Macallan wird auf bestimmte Details Wert gelegt, die man sonst gelegentlich als eher nebensächlich belächelt. Den Spöttern zum Trotz findet sich im Glas ein äußerst harmonischer, in seiner Aromenvielfalt hervorragend ausbalancierter Whisky, der über den typisch weichen Charakter der Speyside verfügt. Selbst Ort und Lage der Brennerei runden das Gesamtbild dieses Single Malts ab. Gemeinsam mit dem Easter Elchies House – dem Herrenhaus des Anwesens von Macallan – prangt sie beinahe majestätisch hoch oben auf einem Hügel über der Spey.

Der Name Macallan stammt von einer Kapelle aus dem Mittelalter, die sich auf dem Gelände befand. Nachdem die heilige Stätte im 15. Jahrhundert abbrannte, wurde sie nicht wieder aufgebaut. Der Bau des Easter Elchie House auf dem gleichen Grund geht ungefähr auf das Jahr 1700 zurück. Einige Hinweise deuten darauf hin, dass dieses Gebäude im 18. Jahrhundert als Farmdestillerie diente und hier Whisky schwarzgebrannt wurde. Erst das Jahr 1824 markiert das offizielle Gründungsdatum der Destillerie, als sich Alexander Reid um eine Brennlizenz bemühte und mit dem Bau der heutigen Brennerei begann. Das Hauptgeschäft seiner Familie galt in dieser Zeit allerdings noch der Viehzucht und dem Anbau von Getreide.

1892 wechselte mit Roderick Kemp die Besitzerfamilie. Zwischen 1965 und 1975 wurde die Anzahl der Brennblasen von sechs auf 21 erweitert. Bis in die jüngste Vergangenheit noch in Familienhand, übernahm im Jahre 1996 schließlich die Edrington Group die Macallan Destillerie.

Das Quellwasser von Macallan wird einigen natürlichen Brunnen entnommen, die sich auf dem eigenen Gelände befinden. Macallan stellt seinen Single Malt ähnlich wie Glengoyne heute noch aus der früher gebräuchlichen ›golden promise‹ Gerste her. Die Verwendung dieser Sorte wird eigentlich als unwirtschaftlich angesehen, da moderne Gerstensorten wesentlich ergiebiger sind, doch nimmt gerade sie bedeutenden Einfluss auf die geschmacklichen Eigenschaften des Whiskys. Auf den Feldern rings um die Destillerie wird ein Teil der ›golden promise‹ Gerste für den Macallan angebaut.

Eine spezielle Mischung von Hefen gewährleistet ein gleichermaßen optimales wie konstantes Ergebnis bei der Fermentation. Die exakte Rezeptur ist ein streng gehütetes Geheimnis von Macallan.

Die direkt befeuerten wash stills und die kleinsten Brennblasen der Branche ergeben einen sehr ausgewogenen Single Malt mit einer Fülle von Aromen. Nach Meinung einiger Experten verwendet Macallan für seinen Rohwhisky den engsten Mittellauf aller schottischen Produzenten. Bis vor kurzem griff man bei Macallan zur Lagerung des Whiskys ausschließlich auf Sherryfässer aus spanischer Eiche zurück. Die kürzlich eingeführte Fine Oak Serie reift nun ebenso in ehemaligen Bourbonfässern aus Amerika.

Unter den schottischen Destillerien verfügt Macallan vermutlich über die breit gefächertste Produktpalette. Die umfassende Vintage Serie, sowie Editionen wie die Decades Collection und die Replica Abfüllungen sind Beleg dafür.

Übrigens wusste auch Nikita Cruschtschow den Macallan zu schätzen, bezeichnete er ihn bei einem Dinner in London im Rahmen eines Staatsbesuches doch als »den besten Cognac, den ich je getrunken habe«.

Unumstritten zählt der Macallan zu den komplexesten aller Single Malts. Doch versteht er darüber hinaus durch eine unerreichte Balance seiner Eigenschaften zu bestechen. Trotz der Tiefe und Vielzahl seiner Aromen wirkt der Macallan nicht überladen, im Kontrast zu seiner Körperfülle steht der weiche Speyside-Charakter. Der Connaisseur entscheidet sich zum Tagesausklang am lodernden Kaminfeuer für eine 12-jährige Sherry Oak Abfüllung (40 Vol.-Prozent Alkohol). Der Preis für eine Flasche mit 0,7 Litern liegt bei 45 Euro.

Ardbeg

Ein nur flüchtiges Schnuppern offenbart bereits den rauchigen und torfigen Charakter des Ardbeg, der auf einen äußerst kraftvollen Single Malt hindeutet. Ein nur kurzes Nippen hinterlässt zunächst einen süßen, dann einen erdigen und salzigen Eindruck auf der Zunge. Der Ardbeg ist ein wahrer Vertreter der Whiskys von der beschaulichen Insel Islay. Ist bei den Inselbewohnern von ihrem Eiland die Rede, wird – insbesondere im Zusammenhang mit Whisky – gerne von der Königin der Inseln gesprochen. Und der Ardbeg ist unter den Bewohnern krönend als ›the jewel of Islay‹ geläufig. Die Destillerie liegt direkt an der Küste im Südwesten der Insel. Einen Steinwurf weit entfernt befinden sich die Brennereien Lagavulin und Laphroaig. Alle Zutaten, die zur Herstellung eines guten Single Malts benötigt werden, sind in nächster Nähe verfügbar: Fruchtbares Getreideland, Torfmoore und Quellwasser sind auf Islay im Überfluss vorhanden.

Schon erheblich vor 1815 – dem offiziellen Gründungsjahr der Ardbeg Destillerie – wurde in der Gegend lebhaft dem Brennen von Whisky nachgegangen. Die Aktionen waren zwar allesamt gesetzeswidrig, doch die Abgeschiedenheit der Insel ließ eine weitgehend ungestörte Produktion zu. Im 18. Jahrhundert sollen an der südwestlichen Küste Islays angeblich bis zu zehn Brennereien gleichzeitig aktiv gewesen sein. Im Jahre 1794 begann Alexander Stewart, mit der erforderlichen Lizenz ausgestattet, in den Räumlichkeiten der späteren Ardbeg Destillerie mit der legalen Whiskyherstellung. Doch erst mit dem Einstieg von John MacDougall begann 1815 die eigentliche Geschichte von Ardbeg. Über einen langen Zeitraum von mehr als 150 Jahren blieb die Destillerie im Familienbesitz der MacDougalls. 1973 übernahm ein Zusammenschluss des Ardbeg Distillery Trusts, der Distillers Company Ltd. und Hiram Walker die Brennerei. Aus wirtschaftlichen Gründen stellte die Destillerie 1981 ihren Betrieb ein, ehe Allied Distillers Ltd. als neuer Eigentümer 1989 die Produktion wieder aufnahm. Im Jahr darauf erwarb Allied Distillers Ltd. die benachbarte Laphroaig Destillerie, und die neue Unternehmensführung verfolgte schon bald Pläne, eine der beiden Brennereien zu schließen. 1996 fiel schließlich eine Entscheidung zu ungunsten von Ardbeg. Im Februar 1997 kaufte Glenmorangie die Destillerie für rund sieben Millionen Pfund und überholte Gebäude und Produktionsanlagen vollständig. Einer der beiden ehemaligen Darrböden wurde zum „Old Kiln Café" umfunktioniert. Dieses beherbergt ein Besucherzentrum sowie ein stilvolles Restaurant.

Das für den Ardbeg verwendete Wasser wird überwiegend dem Loch Uigeadail entnommen. Früher wurde die Gerste noch auf den betriebseigenen malting floors gemälzt und anschließend gedarrt. In den Pagoden der Darrböden fehlte die sonst übliche Ventilation, so dass das Malz hier von Hand gewendet werden musste, um ein Anschmoren zu verhindern. Fachleute vermuten, dass auf diese Weise der Torfrauch das Malz besonders intensiv durchdringen konnte, und der Ardbeg deswegen einst als der torfigste aller Whiskys galt. Heute wird das Malz von den Port Ellen Maltings bezogen. Überlegungen, einen Teil der Gerste wieder selbst zu mälzen und in der verbliebenen ungenutzten kiln zu darren, sind aktuell im Gange.

Der Destillerie reicht ein einziges Brennblasenpaar für die Produktion aus. Die spirit still ist am Kopf mit einem zusätzlichen Rückfluss ausgeführt, über den ein Teil des Destillats direkt nach dem Auskondensieren zurück in die Vorlage gelangen kann. So entsteht ein außergewöhnlich sauberer und aromatisch intensiver Rohwhisky.

Vor der Abfüllung wird der Ardbeg weder einer Kühlfiltration unterzogen, noch mit zusätzlichen Farbstoffen versetzt.

Im September 2004 ließ die überraschende Veröffentlichung einer besonderen, noch jungen Abfüllung des Ardbeg die Whiskywelt aufhorchen. Der Ardbeg Very Young wird seinem Namen in der Tat gerecht, liegt doch mit 1998 das Jahr seiner Destillation noch nicht lange zurück. Da die verfügbaren 2880 Flaschen sehr bald vergriffen waren, wurde die Aktion als voller Erfolg gewertet und eine baldige Neuauflage dieses Whiskys erwogen.

Der Ardbeg verkörpert den typischen Islay-Whisky wie kein zweiter. Dieser rustikale Single Malt verfügt über einen ausgeprägt maritimen Charakter. Anfänglich süßliche und malzige Akzente werden von unverkennbar rauchigen und torfigen Noten sowie einer leichten Schärfe überlagert. Schließt der Kenner beim Genuss eines Ardbeg Uigeadail (54,2 Vol.-Prozent Alkohol) die Augen, so kann er das rauschende Donnern der Brandung des Meeres an die Felsklippen Islays bei Sonnenuntergang beinahe fühlen, salzige Tropfen des Seewassers im Gesicht beinahe spüren. In der aktuellen Fassung des Uigeadail wird neben jüngeren Whiskys mit einem 1977 destillierten und in Sherryfässern gelagerten Ardbeg ein 28-jähriges Destillat zu einem außergewöhnlichen Tropfen vermählt. Die 0,7 Liter Flasche ist für etwa 50 Euro erhältlich.

Dalmore

Vom Fuße der Northern Highlands stammt der Dalmore, ein im wahrsten Sinne luxuriöser Single Malt. Auf einer Auktion in Glasgow 2002 wechselte eine 62-jährige Abfüllung des Dalmore für rund 40.000 Euro den Besitzer – zu diesem Zeitpunkt eine Rekordsumme für eine einzelne Flasche Whisky. Überaus wohlriechend ist der Dalmore gekennzeichnet durch reichhaltige, fruchtig-süße und malzige Akzente, die durch rauchige, torfige und würzige Aromen dezent abgerundet werden. Auf dem Gaumen hinterlässt der Whisky dabei einen seidig-weichen Eindruck. Die Destillerie liegt am Nordufer des Cromarty Firth nahe der Kleinstadt Alness. Der Name Dalmore ist sowohl gälischen als auch nordischen Ursprungs und bedeutet soviel wie große Wiese. Blickt man nämlich von der Destillerie aus nach Süden über den Cromarty Firth, so eröffnen sich dem Betrachter die weiten, fruchtbaren Wiesenlandschaften der Black Isle.

1839 wurde Dalmore von Alexander Matheson als Farmdestillerie gegründet. In diesem Jahr tobte im fernen China der erste Opiumkrieg, und da Alexander Matheson als Kaufmann mit an der in Hong Kong ansässigen Handelsgesellschaft Jardine Matheson & Co. beteiligt war, geht man heute davon aus, dass er im sicheren Heimatland ein neues Betätigungsfeld suchte. Später wurde die Brennerei zunächst an die Sutherlands, im Jahre 1867 dann an die Mackenzies verpachtet. 1891 schließlich übernahm Andrew Mackenzie gemeinsam mit seinen Brüdern die Destillerie vollständig. Aus dieser Zeit stammt auch das symmetrische Hirschgeweih mit den zwölf Enden, das als Familienwappen der Mackenzies jede einzelne Flasche des Dalmore ziert. Die Mackenzies pflegten bereits früh enge Verbindungen zu Whyte & Mackay, mit denen sie 1960 fusionierten.

Dalmore verfügt über das Exklusivrecht, Quellwasser aus dem Alness – dem Fluss der Tränen – zu entnehmen. Das Wasser ist sehr sauber und zeichnet sich durch einen geringen Gehalt an gelösten Mineralstoffen aus.

Gerste und Torf werden soweit als möglich aus dem direkten Umland bezogen. Dalmore betreibt vier Brennblasenpaare, die sich durch ihre besondere Geometrie auszeichnen. Die wash stills sind mit einer kegelförmigen Haube ausgeführt, die an ihrer Oberseite flach abschließt.

Die Rückflusskammern der spirit stills sind flaschenförmig. Um eine höhere Rückflussrate zu erlangen, werden diese Kammern zusätzlich mit Wasser gekühlt. Der destillierte Rohwhisky ist weich und aromatisch intensiv.

Zur Lagerung verwendet Dalmore bereits seit 1870 Sherryfässer. Heute reift der überwiegende Teil des Whiskys in Bourbonfässern, der Rest allerdings auch heute noch in Oloroso- und Amontilladofässern. Die leichte Süße des Single Malts zeugt davon, dass er vor der Abfüllung ausnahmslos in Sherryfässern vermählt wird. Die Lagerhäuser liegen unmittelbar am Cromarty Firth, der ein paar Meilen weiter östlich in die Nordsee mündet. Finden sich daher im

Dalmore entfernte Spuren von Meersalz? Der Master Blender Richard Paterson kreierte den legendären Dalmore Cigar Malt mit der Intention, einen Single Malt zu erschaffen, der durch seine aromatischen Eigenschaften auf perfekte Weise mit dem Genuss einer Zigarre harmoniert. Inwieweit dies gelungen ist, muss wohl jeder durch kritische Prüfung für sich selbst entscheiden. Der Cigar Malt wird aus 10- bis 20-jährigen Lagerungen in speziell ausgesuchten Olorosofässern vermählt. Im Vergleich zur jüngeren, 12-jährigen Abfüllung besticht der Cigar Malt durch rauchigere Noten, eine größere Komplexität und eine hervorragende Balance der Aromen. Der Dalmore war der erste Single Malt, der auf Weltreise ging und nach Australien exportiert wurde. Unabhängig davon, wo man den Dalmore antrifft, er strahlt immer einen Hauch von Luxus aus.

Sein breites geschmackliches Spektrum, das von fruchtigen und malzigen Tönen über Noten von Kräutern und Gräsern bis hin zu Rauch und Torf reicht, wird von einem weichen, milden Charakter begleitet. Auch zu einer 12-jährigen Abfüllung (40 Vol.-Prozent Alkohol) zündet sich der Connaisseur eine gute Zigarre an. Der Preis für die 0,7 Liter Flasche liegt bei 35 Euro.

The Glenlivet

Single Malts, die aus der Gegend von Glenlivet stammen, genießen unter den Whiskys der Speyside weltweit einen hervorragenden Ruf. Im 19. Jahrhundert wählten daher viele Destillerien Glenlivet als Gütesiegel im Namenszusatz. Dazu zählten sehr bald sogar Brennereien, die geographisch gar keinen Bezug zum Glenlivet aufwiesen. Die Gründerfamilie jener Destillerie, die ihren Betrieb einst exakt auf diesen Namen getauft hatte, betrachtete diese Entwicklung mit Sorge und zog 1870 in London vor Gericht, um gegen die Nachahmer vorzugehen. Dort erhielt sie Recht, Glenlivet gilt seit diesem Zeitpunkt als geschützte Handelsmarke.
Im Jahre 1824 erwarb George Smith als erster Unternehmer überhaupt eine Brennlizenz, nachdem der ›Act of Excise‹ die Whiskyherstellung legalisiert hatte. Der Glenlivet erlangte rasch außergewöhnliche Beliebtheit und wurde bereits 1830 von Usher in Edinburgh vertrieben. Da die Kapazitäten die steigende Nachfrage nicht decken konnten, baute er 1858 gemeinsam mit seinem Sohn James Gordon Smith auf seiner Farm in Minmore eine neue größere Brennerei. Noch bis 1953 blieb die Destillerie im Familienbesitz. Seagram, die die Brennerei 1977 aufkauften, machten den Whisky zum meist verkauftesten Single Malt in den Vereinigten Staaten. Gegenwärtig gehört The Glenlivet zu Pernod-Ricard.

Der berühmte Livet ist von allen Flüssen derjenige, der sich auf seinem Weg durch die Highlands am tiefsten durch die Berglandschaften schneidet. Das Wasser dieser Region weist einen vergleichsweise hohen Härtegrad auf, was dem Glenlivet seine Struktur und Komplexität verleiht. Das Malz von Glenlivet wird nur leicht getorft. Gut ein Drittel des Rohwhiskys erlangt in Sherryfässern seine Reife, wobei die Fässer mehrfach verwendet werden.

The Glenlivet kombiniert auf außerordentliche Weise Aromen von herben Kräutern und süßen Früchten.

Dabei schmeckt er leicht und weich. Unter den Standardabfüllungen sticht der 18-jährige Glenlivet (43 Vol.-Prozent Alkohol) besonders hervor. Die Kosten für die 0,7 Liter Flasche belaufen sich auf etwa 50 Euro.

Lagavulin

Liebhaber von kraftvollen, stark getorften Single Malts sind sich wohl darüber einig, dass man nirgendwo dem Whiskyhimmel so nahe kommt wie auf Islay. Vom Wind gepeitschte Buchten, schroffe Felsklippen und ein raues Seeklima sind für Whiskys verantwortlich, die ungebändigt dem Genießer das Feuer durch die Adern treibt. Zu ihnen zählt auch der Lagavulin, der unbestritten über die höchste Komplexität der Island Whiskys verfügt. Ob er daher den Beinamen Lord of the Isles trägt?

Die Destillerie liegt am südwestlichen Ufer von Islay in einer Gegend, die schon immer für die Herstellung von Whisky berühmt war – unabhängig davon, ob das Brennen schwarz oder legal betrieben wurde. Der Gründung von Lagavulin durch den Einheimischen John Johnston 1816 folgte im Jahr darauf die Eröffnung von Ardmore – einer zweiten Brennerei auf dem gleichen Gelände – durch Archibald Campbell. Nach dem Tode John Johnstons 20 Jahre später übernahm Alexander Graham – ein Händler, der mit Stützpunkt in Glasgow zuvor den Lagavulin auf dem Festland vermarktet hatte – beide Destillerien und fusionierte sie. Einer der folgenden Besitzer – Peter Mackie – kreierte zu Beginn des 20. Jahrhunderts nebenbei den erfolgreichen Blend White Horse. Er war es auch, der 1908 wiederum auf dem Gelände von Lagavulin eine weitere Brennerei mit dem Namen Malt Mill baute. Hier nutzte Peter Mackie die Möglichkeit zum Experimentieren. Bis 1960 noch produzierte Malt Mill einen gewaltig getorften Whisky.

Heute gehört Lagavulin zum Industriekonzern Diageo, der diesen Islay Whisky 1989 zu einem seiner sechs Classic Malts of Scotland kürte.

Mit seinem Duft nach Torfrauch und Seeluft macht der Lagavulin buchstäblich die Nase frei. Geschmacklich bietet dieser Single Malt eine Flut aller denkbaren maritimen Aromen. Dabei ist er sehr gut ausbalanciert und überrascht mit einem weichen und trockenen Wesen. In puncto Komplexität wird das Original nur noch von der Distillers Edition – der Lagavulin wird zum Nachsitzen in ein Pedro Ximénez-Sherryfass gefüllt – übertroffen. Die 16-jährige Standardabfüllung (43 Vol.- Prozent Alkohol) ist für rund 45 Euro pro 0,7 Liter Flasche erhältlich.

Der Gemütliche

»Versuch's mal mit Gemütlichkeit – mit Ruhe und Gemütlichkeit…!« Wem zaubert dieser lieb gemeinte Ratschlag von Balu dem Bären aus dem Disney-Klassiker ›Dschungelbuch‹ kein Lächeln ins Gesicht? Wer versucht sich nicht augenblicklich daran, Leib und Seele zu entspannen und die Welt für ein paar Minuten vorbeiziehen zu lassen? Balu hätte beim Ergründen seiner Lebenseinstellung wohl seinen Platz in der breiten Hängematte genauso gut gegen die Theke einer Whiskybar tauschen können. Denn die Empfehlung des großen Bären, gelegentlich aus der Hektik und Einförmigkeit des Alltags auszubrechen, kurzzeitig untätig zu sein und Träumen nachzuhängen, wird vermutlich von Whiskygenießern vorbehaltlos beherzigt. So kann behauptet werden, dass in jedem Liebhaber des schottischen Lebenswassers auch ein kleiner Balu steckt.

Manche entdecken ihn früher, andere erst nach längerer Suche. Gewissheit erlangt man spätestens beim Probieren eines fruchtigen Single Malts mit ausgeprägter Honigsüße. Doch wer genau ist der Gemütliche und welche sind seine Lieblingswhiskys?

Der Gemütlich taucht in einer Vielzahl von Gestalten auf. Er ist der nette Mensch von nebenan, der kurzfristig beim Umzug hilft, die Waschmaschine in den vierten Stock schleppt, die Möbel aufbaut und die Elektrik anschließt. Bei einer Panne auf der Landstraße hält er hilfsbereit an und wechselt auch im strömenden Regen den geplatzten Hinterreifen. Mit einem Trällern auf den Lippen trägt er schwere Einkaufstaschen und räumt im bittersten Winter den Schnee vom Gehweg.

Der Gemütliche fällt durch stete Hilfsbereitschaft, Freundlichkeit und gute Laune auf. Liebenswert und charmant versteht er, sein Publikum zu unterhalten, für das er immer ein kleines Kompliment übrig hat. Oft verfügt er über komödiantisches Talent und eine gehörige Portion Humor. Seinen Hang zur Gemütlichkeit drückt er unter anderem durch den häufigen Besuch von Cafés und Biergärten sowie durch ausgedehnte Stadtbummel und Spaziergänge aus. Sonntag morgens bleibt er am liebsten lange im Bett liegen, um dort in aller Ruhe zu frühstücken, die Sonntagszeitung zu studieren und sich seinen Lieblingsfilm anzuschauen. Der Gemütliche ist umweltbewusst und lebt in Harmonie mit seiner Umgebung. Wenn es möglich ist, verzichtet er auf das Auto und legt Strecken zu Fuß oder mit dem Fahrrad zurück. Er ist Feinschmecker und bevorzugt die süßen Kleinigkeiten des Lebens. Selten gelingt es ihm, an einem Stück Kuchen einfach vorbeizugehen. Der Patissier um die Ecke hat ihm kürzlich die Platin-Card ausgehändigt.

Ist der Hunger des Gemütlichen erst einmal gesättigt, darf sich zum Abschluss gerne ein edler Tropfen genehmigt werden! Dann fällt ihm

BALVENIE
Der Whisky aus dem Herzen der Speyside

GLENGOYNE
The real Taste of Malt

GLENFARCLAS
The Spirit of Independence

ARRAN
The true Spirit of Arran

KNOCKANDO
Der Single Malt vom kleinen schwarzen Hügel

durchaus auch ein leckerer Single Malt zum Opfer. Hier favorisiert er – wie eingangs erwähnt – Vertreter mit fruchtigen Anklängen und einem süßen Honig-Aroma. Diese Geschmacksnoten lösen auf seinem Gaumen Wohlgefühl und Entspannung aus. Mit salzigen und rauchigen oder gar stark getorften Whiskys hingegen kann er nur eingeschränkt Freundschaft schließen. Als zu markant und aufdringlich empfindet er den Charakter solcher Malts. Mit seinen Lieblingswhiskys ist er dafür schnell vertraut; es erscheint beinahe, als baue er eine intime Beziehung zu seinen Speysidern und Highlandern auf. Der Gemütliche sucht niemals aktiv – er nimmt vielmehr die Gelegenheiten wahr, die sich ihm auf seinem Weg durchs Leben aus seiner unmittelbaren Umgebung heraus ergeben. Ist er dabei zufällig auf seine Lieblingswhiskys gestoßen, bleibt er ihnen fortan treu. Loyalität ist überhaupt eine Eigenschaft, die für ihn grundsätzlich von Bedeutung ist.

Der Gemütliche lebt um zu leben – und dies möglichst sorgenfrei. Regelmäßiger Genuss gehört für ihn dazu, wobei er sich auch an den kleinen Dingen erfreuen kann. Es muss nicht jeden Tag ein Dom Perignon sein! Ein Whisky gehört für ihn zur guten Unterhaltung, unabhängig davon, ob er sich ihm alleine in der Hängematte widmet oder ihn in gefälliger Runde genießt.

A propos Unterhaltung – Oscar Wilde sah dem schottischen Getränk einst eine ganz andere Rolle zugedacht. Nach dem Geheimnis seines Erfolges befragt, erwiderte er: »Ich verstehe nicht, weshalb man soviel Wesens um die Technik des Komödie-Schreibens macht. Man braucht doch nur die Feder in ein Whisky-Glas zu tauchen.«

Balvenie

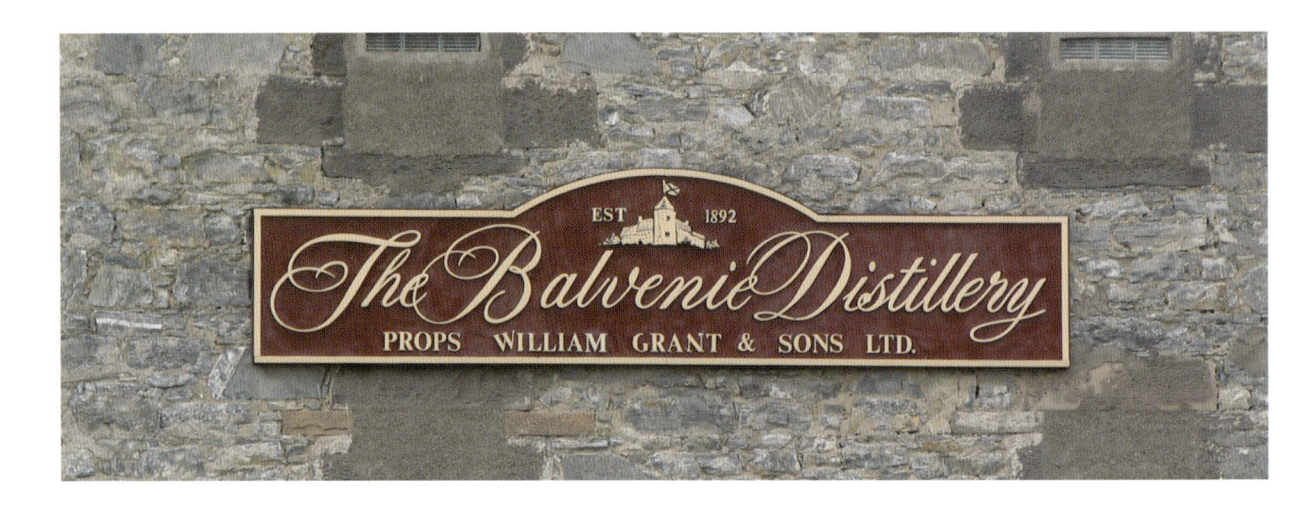

Der Balvenie ist ein Single Malt ganz im Stile seiner Herkunftsregion – der Speyside. Weder zu leicht noch zu schwer, weiß dieser Whisky durch seine Fruchtigkeit und Würze zu begeistern. Außergewöhnlich jedoch macht ihn erst seine unvergleichliche Honigsüße. Der Balvenie ist ein feudaler, gehaltvoller Single Malt, der sich gerade in jüngster Zeit einer wachsenden Beliebtheit erfreut. Dies mag an einer attraktiven Produktpalette liegen, die von der 10-jährigen Standardabfüllung über mehrere Single Barrel Versionen bis hin zu den beiden berühmten Sherry und Portwein Double Woods reicht. Auf jeden Fall ist es „der kleinen Schwester von Glenfiddich" gelungen, aus dessen großem Schatten zu treten. Balvenie und Glenfiddich gehören seit ihrer Gründung zu der gleichen Betreiberfamilie. Auch örtlich liegen beide Destillerien in dem beschaulichen Städtchen Dufftown direkt beieinander. Der Name von Balvenie geht auf ein nahe gelegenes Schloss aus dem 13. Jahrhundert zurück, von dem lediglich die Grundmauern erhalten geblieben sind.

Gemeinsam mit seinen Söhnen erbaute William Grant die Balvenie Destillerie 1892 nur wenige Meter entfernt von seiner ersten Brennerei – Glenfiddich. Zeitgenossen zufolge war William Grant ein überaus geschäftstüchtiger und aktiver Unternehmer; vermutlich lastete ihn die Leitung einer Destillerie allein kaum aus. Als Ausstattung von Balvenie diente zu Beginn gebrauchtes Equipment aus den Brennereien von Lagavulin und Glen Albyn, letztere eine mittlerweile geschlossene Destillerie aus Inverness. Der erste Rohwhisky wurde im Mai 1893 gebrannt. Schon bald reichte die Fläche des Hauptgebäudes zur Produktion nicht mehr aus. In den zwanziger Jahren des 20. Jahrhunderts wurde die Destillerie daher erweitert, zwischen 1957 und 1971 stieg die Zahl der Brennblasen von zwei auf acht. Im Jahre 1973 wurde der Balvenie erstmals als Single Malt abgefüllt und als solcher auf dem Markt eingeführt.

Robbie Dubh – dies ist der Name der Quelle, aus der sowohl Balvenie als auch Glenfiddich ihre Wasser beziehen.

Wie für die Speyside typisch, handelt es sich um ziemlich weiches Quellwasser.

Traditionsverbunden stammt gegenwärtig noch ein geringer Teil der Gerste von der familieneigenen Farm, die sich unweit der Destillerie befindet. Auf den alten malting floors wird bei Balvenie auch heute noch selbst gemälzt, was für einen modernen Betrieb recht ungewöhnlich ist. Allerdings deckt das eigene Malz nur gute zehn Prozent des Gesamtbedarfs der Produktion. Die Brennblasen von Balvenie werden mit Dampf über innenliegende Spiralen beheizt. Als charakteristisches Merkmal verfügen sie über einen zweiten Bauch, der über der Vorlage angeordnet ist.

Aufgrund dieser prägnanten Geometrie werden sie auch als "Balvenie balls" bezeichnet. Balvenie beschäftigt eigene Böttcher, die sich um die Instandsetzung der Fässer für die Lagerung des Whiskys kümmern. Trotzdem werden die Fässer höchstens zweimal zur Reifung verwendet. Der Balvenie wird üblicherweise in Bourbon- und Sherryfässern gelagert. In der 10-jährigen Standardabfüllung findet sich ein Sherryfassanteil von ungefähr zehn Prozent. Entsprechende dezente Noten können in diesem Single Malt wieder entdeckt werden.

1992 kreierte der Master Blender David Stewart die Double Woods. Whisky, der ausschließlich in Bourbonfässern gelagert wurde, erhält ein mehrmonatiges finish in Olorosofässern oder Portwein-Pipes.

Im Jahre 2001 veredelte Balvenie einige 7-jährige Bourbonfasslagerungen auf ganz besondere Weise. In ihrem noch recht jungen Alter füllte man sie in Fässer um, die zuvor einen kräftigen Single Malt von Islay beherbergt hatten und ließ sie dort für rund sechs Monate nachreifen. Liebhaber des Balvenie waren überrascht darüber, wie hervorragend die Anklänge von Torf und Rauch den eigentlichen Charakter ihres Whiskys ergänzten.

Süßer und nussiger hat es der Gemütliche sehr gerne. Mehr als bei der 12-jährigen Sherry Double Wood Abfüllung (40 Vol.-Prozent Alkohol) geht fast gar nicht mehr. Der Kostenpunkt für die Flasche mit 0,7 Litern beträgt etwa 40 Euro.

Glengoyne

So ziemlich genau auf halber Strecke zwischen Glasgow und dem Loch Lomond verläuft die Grenze, die die Highlands und die Lowlands geographisch voneinander trennt. Kurioserweise gibt es eine Destillerie, die exakt auf ihr liegt – Glengoyne. Das still house, in dem der Whisky gebrannt wird, befindet sich eben noch in den Highlands. Zur Fassreifung wird das Destillat zwar nur wenige Meter über die Straße in die Lagerhäuser transportiert, doch liegen diese bereits in den Lowlands. Nur zu gut ist es daher verständlich, dass sich die Fachwelt mit der Zuordnung dieses Single Malts zu einer der beiden Regionen nicht leicht tut. Die Herkunft des Brauwassers gibt schließlich den Ausschlag – es entspringt den nahe gelegenen Campsie Hills in den Highlands. Nur wenige hundert Meter östlich der Destillerie ragt der dieser Bergkette angehörige Dumgoyne Hill in den Himmel, der mit seinen Ausläufern die harschen Nordwinde abfängt und von den Lagerhäusern fernhält.

Die alten Gebäude der Brennerei liegen in einem kleinen bewaldeten Tal, das mitsamt seinem kleinen Wasserfall ein erstklassiges Postkartenmotiv liefert. Eine Legende besagt, dass sich hier einst Rob Roy – einstiger Gesetzesloser und schottischer Nationalheld – auf einer Eiche erfolgreich vor seinen Verfolgern versteckte.

Im Jahre 1833 gründete George Connell die Brennerei unter dem Namen Burnfoot. Die Umbenennung in Glengoyne erfolgte erst einige Zeit darauf. Die ursprünglichen Gebäude werden auch heute alle noch genutzt, so dient das ehemalige ware house beispielsweise als Empfangsbereich. Bis zur Übernahme der Destillerie durch die Lang Brothers im Jahre 1876 erfolgten mehrere Besitzerwechsel. Die drei Brüder Alexander, Gavin und William Lang hatten bereits 1861 in Glasgow einen kleinen Laden eröffnet, in dem sie mit Wein und Spirituosen handelten. Doch schon bald galt ihr Hauptinteresse dem Whisky, so dass der Einstieg bei Glengoyne die logische Folge war. 1967 wurde die Brennerei grundlegend renoviert.

In diesem Zuge wurde die Zahl der Brennblasen um eine auf drei erhöht und ihre Befeuerung von Kohle auf Öl umgestellt. Mit dem Kauf von Glengoyne durch Ian Macleod & Company – ein Unternehmen, das unter dem Label Chieftain's Choice unabhänige Abfüllungen vertreibt – zählt seit dem Jahre 2003 ein weiterer independent bottler zu den Besitzern einer eigenen Destillerie.

Bevor das Wasser für den Glengoyne dem kleinen Wasserfall hinter der Brennerei entnommen werden kann, wird es beim Herablaufen vom Gipfel des Dumgoyne Hill über einen Zeitraum von gut vier Jahrzehnten durch dessen massive Gesteinsschichten gefiltert. Das Wasser ist daher sehr weich.

Ungewöhnlich ist die Gerste, die für den Whisky Verwendung findet. Die ›golden promise‹ – auf die man sonst lediglich noch bei Macallan schwört – gilt vom wirtschaftlichen Standpunkt aus als unergiebig. Doch scheint gerade sie dem Glengoyne ein besonders intensives Malzaroma zu verleihen. Die Gerste wird darüber hinaus nur mit trockener warmer Luft ohne den Einsatz von Torf gedarrt, wodurch sich die Aromen unverfälscht entwickeln können.

Es entsteht ein feiner und weicher Malt mit einem runden Abgang. Zur Lagerung von Glengoyne dienen ausschließlich Fässer aus dem Holz der amerikanischen Eiche. Ein Drittel des Rohwhiskys wird in Sherryfässern gelagert.

Die neuen Besitzer vermarkten den Glengoyne verstärkt als den Glasgow Malt – der Nähe zu dieser Metropole sei dank. Doch konkurriert der Auchentoshan bei der Vergabe dieses Titels sicherlich mit.

Außergewöhnliche Bekanntschaft mit jener Stadt machte der Glengoyne im Januar 1970, als ein frisches Fass vom Hänger eines Lastwagens fiel und gegen die Kante des Gehwegs einer belebten Straße stieß.

Durch die Wucht des Aufpralls wurde das Fass beschädigt und der Whisky begann auszulaufen und über den Asphalt zu strömen. Ein paar Passanten führten tatsächlich ein leeres Behältnis mit sich, das sie sogleich zu füllen begannen. Doch ihr Glück war nur von kurzer Dauer, da die rasch anrückende Feuerwehr den ›Unglücksort‹ umgehend absperrte.

Der Glengoyne ist durch ein mildes und weiches Wesen gekennzeichnet. Seine charakteristische Süße stammt von dem Malz und den Früchten. Bei manchen Abfüllungen kommen Vanille und Karamell hinzu. Seit kurzem ist der Glengoyne als 12-jährige Abfüllung in cask strength (57,2 Vol.-Prozent Alkohol) erhältlich, die dem Gemütlichen ans Herz gelegt sei. Der Whisky ist weder kühlgefiltert noch enthält er zusätzlichen Farbstoff. Die 0,7 Liter Flasche kostet 45 Euro.

Glenfarclas

Mitten aus dem Herzen der Speyside stammt mit dem Glenfarclas einer der markantesten Single Malts dieser Region. Die Abfüllungen von Glenfarclas gelten als trocken und komplex, doch verleihen dem Whisky mit wachsendem Alter Töne von Malz und Sherry eine reichhaltige Süße. Glenfarclas bedeutet aus dem Gälischen übersetzt soviel wie „Tal des grünen Grases". Und das trifft den Nagel auf den Kopf. Die Destillerie liegt in einem Tal voller saftiger Wiesen, allseitig umgeben von den mächtigen Bergen der Highlands.

Die Anfänge der Whiskyproduktion von Glenfarclas gehen auf das Jahr 1836 zurück. In diesem Jahr erwarb die Familie, die in Ballindalloch am Fuße des Ben Rinnes die Rechlerich Farm bewirtschaftete, eine Brennlizenz. Der erste Whisky wurde noch behelfsmäßig in leerstehenden Gebäuden der Farm gebrannt. 1844 erbaute Robert Hay die heutige Destillerie. Doch schien dieser nie wirkliches Interesse für die Whiskybrennerei zu entwickeln, in erster Linie sah er sich wohl als Farmer.

1865 übernahm John Grant für eine Summe von knapp 512 Pfund das Anwesen samt Destillerie.

Er tätigte mit dem Kauf eine Investition in die Zukunft seiner Familie, denn in deren Besitz ist Glenfarclas noch heute. Zunächst entsandte er seinen ältesten Sohn George, der sich um die Rechlerich Farm kümmern sollte. Die Leitung der Destillerie allerdings überließ er für die ersten fünf Jahre einem gewissen John Smith, an den er den Betrieb verpachtete. Im Anschluss an sein Tun in Glenfarclas gründete dieser John Smith die nahe gelegene Cragganmore Destillerie.

George übernahm nun auch die Geschäfte in der Brennerei und es entstand mit J & G Grant der heutige Name des Unternehmens. Gegen Ende des 19. Jahrhunderts wurden die Produktionsstätten ausgebaut, 1976 erfolgte die Installation zusätzlicher Brennblasen, um der Nachfrage gerecht werden zu können.

Heute leitet John L. S. Grant die Geschicke des Familienbetriebs. Sein Sohn George, der auch in der Glenfarclas Destillerie arbeitet, repräsentiert die nunmehr sechste Generation, die für die Herstellung eines außergewöhnlichen Whiskys verantwortlich zeichnet. Ganz den alten Traditionen verbunden, werden noch heute Rinder auf den Wiesen des Geländes im Tal des grünen Grases gehalten.

Das für Glenfarclas verwendete Wasser stammt vom Ben Rinnes. Von der Kuppe des Berges aus talwärts fließend, sucht er sich seinen Weg durch Felsgestein und Heidekraut. Die Gerste kommt hauptsächlich aus dem Umland von den bekanntermaßen fruchtbaren Getreidefeldern der Speyside.

Glenfarclas verfügt über sechs Brennblasen, die noch unverändert direkt befeuert werden. Bemerkenswert ist ihr Format, denn sie sind die größten, die in der Speyside zu finden sind, und produzieren einen weichen Single Malt mit recht trockenem Charakter.

Die Lagerung des Rohwhiskys erfolgt in Bourbon- und Sherryfässern. Der Anteil des Whiskys, der in Sherryfässern reift, ist überdurchschnittlich hoch. Eine Tatsache, die der Glenfarclas beim Genuss nicht verbirgt.

Daher werden die Sherryfässer besonders sorgsam ausgewählt, und will man den Worten von Manager John L. S. Grant Glauben schenken, so gibt Glenfarclas jedes Jahr »ein Vermögen« für diese Fässer aus.

Aus dem Jahre 1912 ist folgende Lobeshymne eines damals konkurrierenden Whiskyproduzenten überliefert: »Unter den Whiskys sind die Single Malts die Könige – unter den Single Malts regiert der Glenfarclas!«

Der Glenfarclas verkörpert einen besonders intensiven und komplexen Speyside Malt. Die fruchtige Süße des Whiskys wirkt unaufdringlich und hält beim Abgang angenehm lange vor. Der Gemütliche möge sich auf eine 21-jährige Abfüllung (43 Vol.-Prozent Alkohol) stürzen. Die Kosten für eine Flasche mit 0,7 Litern liegen bei 60 Euro.

Arran

Isle of Arran wird von ihren Einwohnern gerne ›Schottland en miniature‹ genannt. Auf der westlich von Glasgow gelegenen Insel finden sich kompakt all jene Landschaften, die den Norden Großbritanniens ausmachen. Eine Destillerie – die darüber hinaus noch den Namen der Insel trägt – darf dabei natürlich nicht fehlen. Zu Beginn des 19. Jahrhunderts zählte die Insel zu einer der Hochburgen der Whiskyproduktion. In mehreren Dutzend – zumeist illegalen – Brennereien wurde der Herstellung des Destillats nachgegangen. Noch im selben Jahrhundert musste auch die letzte von ihnen schließen, obgleich der Whisky von der Insel einen hervorragenden Ruf genoss.

Erst seit 1995 wird das Wasser des Lebens hier wieder destilliert. Ganz im Norden der Insel stößt man in Lochranza auf die modernen Gebäude der Arran-Destillerie. 1992 begannen die Arbeiten zur Errichtung der Brennerei unter der Federführung von Harold Currie, der nach langen Jahren der Zugehörigkeit zur Geschäftsführung von Chivas seine Erfahrung in ein eigenes Unternehmen einzubringen gedachte. Zur Finanzierung dieses Vorhabens gab er 2000 Inhaberschuldverschreibungen aus, die für Anrechte auf den Single Malt der Destillerie verkauft wurden. Legendär ist die Geschichte, dass sich die Fertigstellung der Brennerei aufgrund eines auf dem Gelände brütenden Goldadlerpärchens zwischenzeitlich verzögerte. Glaubt man den Ausführungen des Managements, so soll eben dieses Pärchen während der Eröffnungsfeierlichkeiten am 17. August 1995 mit einem Tiefflug über die Gebäude der Destillerie ihren Segen erteilt haben. Der Brennerei zugehörig sind ein Restaurant mit einer ausgezeichneten Küche sowie eine Bar.

Erstaunlicherweise überrascht der Arran eher mit einem sahnig-süßen, floralen und frischen Charakter als durch maritime Schwere. Geschmacklich beherrschen Kräuter und Früchte diesen Single Malt. Die Standardabfüllung, in Sherryfässern gelagert und acht Jahre jung (43 Vol.-Prozent Alkohol), liegt preislich bei etwas über 30 Euro pro 0,7 Liter Flasche.

Knockando

Die Speyside ist das Zuhause vieler eleganter und fruchtig-süßer Single Malts. Nur wenige von ihnen vermögen eine vergleichbar harmonische Balance zwischen ausgefallen süßen Aromen und zarten, bitteren Anklängen von Kaffee und Schokolade zu schaffen wie der Knockando. Die Destillerie liegt in der Nähe der Ortschaft Tamdhu etwas versteckt inmitten einer weiten Hügellandschaft. Unweit der Brennerei gräbt die Spey ihr Flussbett durch die Landschaft.

Die Gründung von Knockando im Jahre 1898 durch Ian Thomson erfolgte in einer Zeit, in der die Speyside einen großen wirtschaftlichen Aufschwung erfuhr und eine große Zahl neuer Destillerien das Licht der Welt erblickte. Doch schien diese Euphorie nicht ewig anzuhalten, und so stellte Knockando 1900 die Produktion bereits wieder ein. Ab 1904 kondensierte der Rohwhisky erneut an den Kühlschlangen der Brennblasen aus. Im Jahre 1962 übernahm IDV die Kontrolle über die Destillerie. Das Wasser von Knockando entspringt der Cardnach Quelle und fließt vor der Entnahme über torfhaltige Erde. Bei der Destillation wird auf einen kurz geschnittenen Vorlauf geachtet. Auf diese Weise kann ein höherer Anteil an kurzkettigen Estern in den Rohwhisky gelangen, die einen bedeutenden Beitrag für den süßen Geschmack von Knockando leisten. Ein großer Teil des Whiskys wird traditionell für die Blended Whiskys von J&B verwendet. Erwähnung bedarf die ungewöhnliche Angabe der Reifedauer auf den Etiketten der Abfüllungen von Knockando. Im Gegensatz zu einer fixierten Altersangabe sind hier das Jahr der Destillation und der Abfüllung angegeben. Hintergrund ist, dass Knockando seinen Whisky nicht nach einer festgelegten Reifezeit abfüllt, sondern erst dann, wenn er als ausgereift angesehen wird. Üblicherweise lagert ein Knockando zwischen zwölf und 14 Jahren in den ware houses. Als Merkmale dieses leichten und trockenen Single Malts gelten süße und fruchtige Noten. Ältere Abfüllungen weisen sogar einen Hauch von Torf auf, der den originalen Charakter des Whiskys hervorragend ergänzt. Die jungen, zumeist 12- jährigen Abfüllungen (43 Vol.- Prozent Alkohol) sind in der 0,7 Liter Flasche für rund 35 Euro erhältlich.

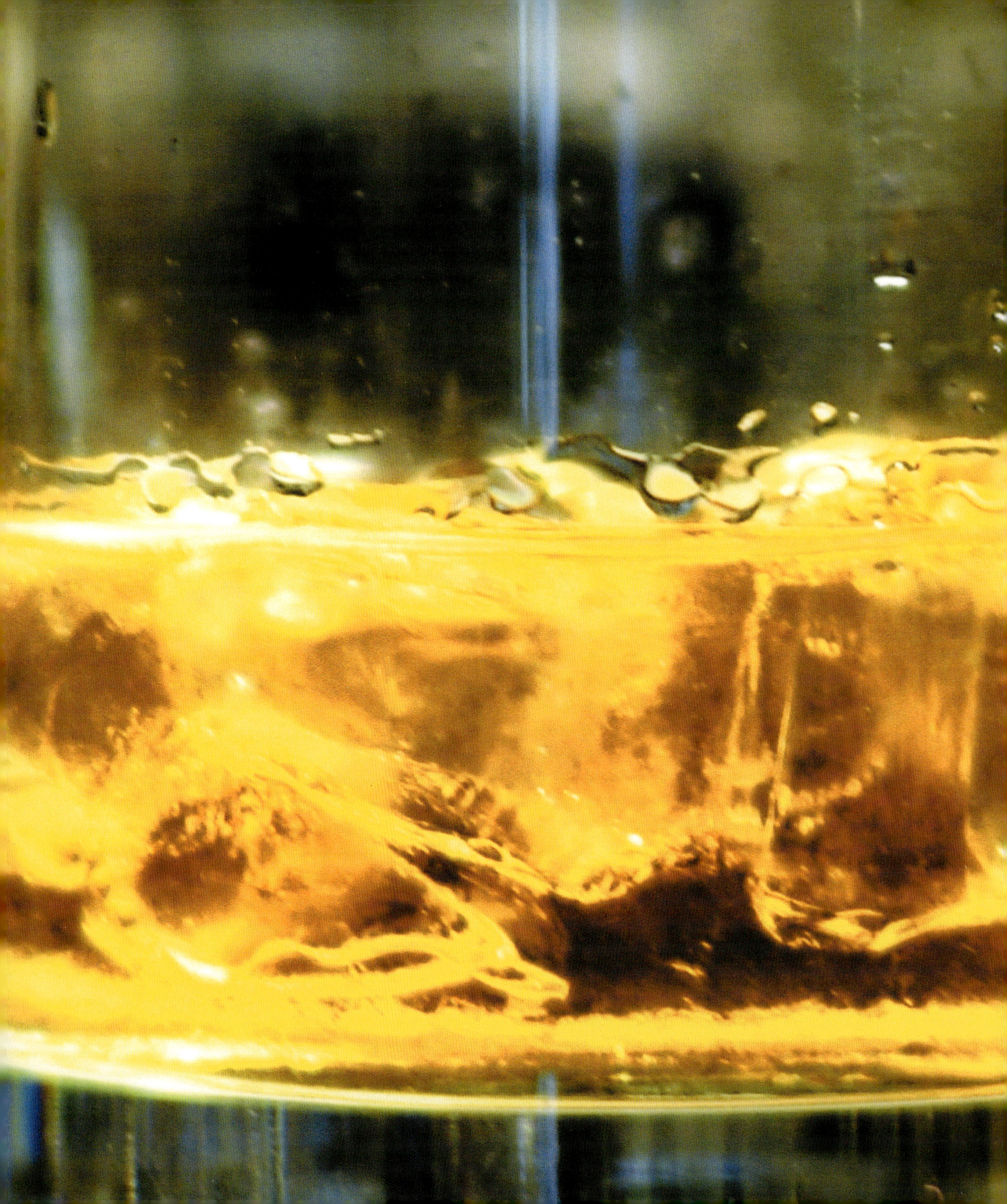

Gaumenfreuden

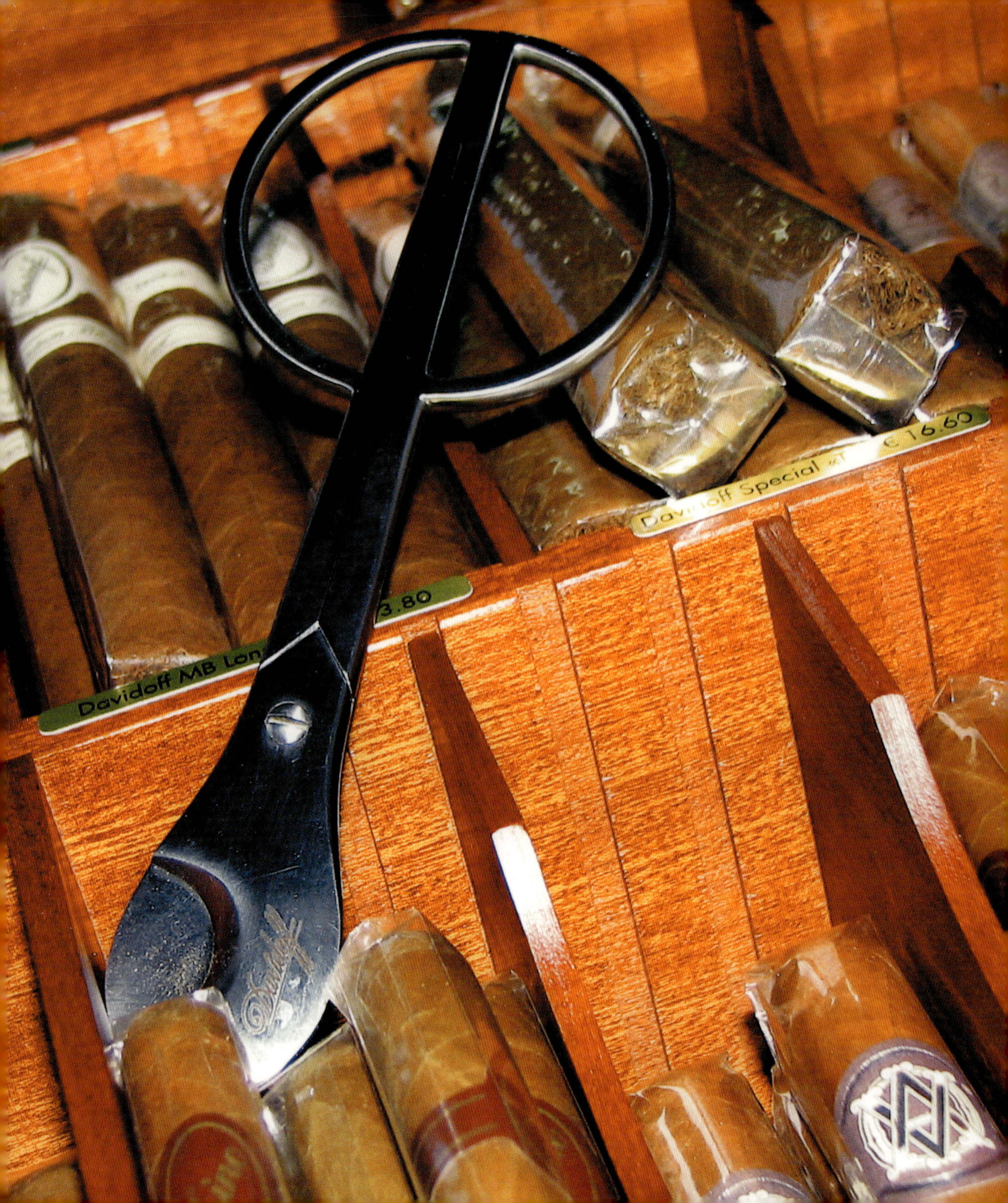
Davidoff MB
3.80
Davidoff Special
€ 16.60

Whisky & Zigarren

Zigarren sind nicht nur Genussmittel, mit dem sich entspannte Stunden verbringen lassen, sie verfügen auch – ähnlich dem schottischen Malt Whisky – über einen außergewöhnlichen Kulturverlauf. Den Ursprung der Zigarre führen Historiker auf die alten Mayas in Mittelamerika zurück. Dem Indianervolk war die Zigarre unter dem Begriff ›ciq‹ geläufig, welcher übersetzt soviel wie etwas Brennbares, das gut schmeckt und riecht, bedeutet. Das andere große Kulturvolk Mittelamerikas – die Azteken – besaßen sogar einen Gott des Tabaks mit dem Namen Tezcatlipoca. Ihm zu Ehren wurde jedes Jahr zur Erntezeit ein Fest veranstaltet.

Nach Europa gelangte der Tabak erst nach der Entdeckung des amerikanischen Kontinents durch Christopher Kolumbus 1492. Tabak wird in vielen Ländern der Karibik sowie in Zentral- und Südamerika angebaut. Nach Asien und Indonesien brachten ihn die Holländer erst zu Zeiten der Kolonialisierung. Kuba, die Dominikanische Republik und Honduras gelten allerdings nach wie vor als die wichtigsten Anbaugebiete der Welt.

Kuba

Was den Tabakanbau und die Zigarrenherstellung angeht, ist die größte Insel der Großen Antillen nicht zu übertreffen. Auf eine vergleichbare Kombination von Boden und tropischem Klima trifft man kein zweites Mal auf dieser Erde. Vor allem in den Anbaugebieten Vuelta Abajo, Remedios und Partido reifen die wohl besten Tabake. Die Tabake für die Cohibar, der Lieblingszigarre des kubanischen Staatschefs Fidel Castro, stammen aus Vuelta Abajo in der Provinz Pinar del Rio. Die Cohibar zeichnet sich durch ihr besonders köstlich-würziges Aroma aus. Aus der Provinz Santa Clara kommen die Tabake des Anbaugebietes Remidio. Diese Tabake sind hocharomatisch und etwas wilder im Geschmack als die aus Vuelta Abajo. Partido, das dritte große Anbaugebiet Kubas, befindet sich in einer Provinz östlich der Hauptstadt Havanna. Die Tabake von dort zeichnen sich im Gegensatz zu denen der anderen kubanischen Anbaugebiete durch wesentlich hellere Pflanzenblätter aus. Im Geschmack sind sie sehr pikant und würzig. Die Zigarrenhersteller der Marken Romeo y Juliet, Partagas und El Laguito beziehen Tabake aus dieser Provinz.

Dominikanische Republik

Der Tabakanbau blickt in der Dominikanischen Republik auf eine lange Tradition zurück.

Der dortige Boden bietet optimale Bedingungen für die Bewirtschaftung mit erstklassigen Tabakkulturen. Zigarren werden in der Dominikanischen Republik allerdings erst seit dem 20. Jahrhundert von Exil-Kubanern, die ihr Heimatland wegen der Kuba-Krise verlassen und andernorts eine neue Existenz aufbauen mussten, hergestellt. Heutzutage sind über 100 verschiedene Premium-Zigarren-Sorten von Manufakturen der Dominikanischen Republik im Handel erhältlich. Mit diesem Angebot ist der Karibik-Staat weltweit der größte Produzent von Premium-Zigarren. Die Farmer der Dominikanischen Republik versorgen unter anderem die Marken Zino Davidoff, Alfred Dunhill und Arturo Fuente mit ihren Tabaken.

Honduras

Aufgrund der Enteignungswelle auf Kuba in den 1960er Jahren wurden viele Tabakhersteller zur Auswanderung in Nachbarstaaten gezwungen. In den Regionen Santa Rosa de Copán und Danli trafen die Tabakfarmer auf vergleichbare klimatische Bedingungen. Durch kontinuierliche Arbeit in den letzten Jahren konnte das Qualitätsniveau ständig verbessert werden. Die Zigarren des kleinen mittelamerikanischen Staates reichen nun schon beinahe an die kubanischen Vorbilder heran. Vor allem in den Vereinigten Staaten ist die Nachfrage nach Zigarren aus Honduras so stark gestiegen, dass das Land hinter der Dominikanischen Republik zum zweitgrößten Zigarrenproduzenten aufgestiegen ist. Unter den zahlreichen Marken sind Jose Benito und Flor de Copan die bekanntesten Vertreter.

Herstellung

Vor der Züchtung eines herausragenden Tabaks steht der Farmer zunächst vor der grundsätzlichen Wahl des Samens für seinen Boden. Denn bereits der Samen beeinflusst spätere Eigenschaften wie Größe, Farbe und Struktur der Tabakpflanze. Die Anbausaison der Tabakpflanzen beginnt Ende September.

Die Samen werden auf den Tabakplantagen in spezielle Beete eingepflanzt. Diese Beete müssen extrem wettergeschützt liegen, da die jungen Tabakpflanzen sehr empfindlich sind und leicht beschädigt werden können. Bis Anfang November erreichen die jungen Tabakpflanzen eine Größe von bis zu 20 Zentimetern. Dies ist auch der Zeitpunkt, zu dem die Pflanzen vorsichtig ausgegraben und zur weiteren Aufzucht auf größere Felder umgesetzt werden. Erst wenn sie vollständig ausgewachsen sind, steht der Tabak zur Ernte an. Begonnen bei der untersten Blattschicht werden nun die Blätter Schritt für Schritt und zeitlich versetzt von der Pflanze entfernt. Die oberen Blätter sind dem Sonnenlicht so länger ausgesetzt, wodurch sie ein volleres Aroma ausbilden.

Nach der Ernte werden die Blätter in Bündeln zusammengebunden und zum Trocknen an langen Stangen in einem Trockenschuppen aufgehängt. Hier lagern die Blätter ungefähr sechs bis acht Wochen, bis sie einen bräunlichen Farbton angenommen haben.

Im Anschluss werden die Blätter für die erste Fermentation zu großen Stapeln zusammengepackt. Durch die Dichte der Tabakblätter entsteht in den Stapeln Hitze, die in den Tabakblättern einen Prozess in Gang setzt, der den Nikotingehalt reduziert.

Der Fermentationsprozess zieht sich über einen Zeitraum von ungefähr vier bis sechs Wochen. Die Tabakblätter werden im Anschluss gekühlt und befeuchtet, um sie auf die weitere Verarbeitung vorzubereiten. Bei Tabakblättern wird zwischen ihrer Verwendung als Einlage, Umblatt und Deckblatt unterschieden. Die Blätter, die später als Einlage oder Umlage der Zigarren dienen, müssen von ihren Blattadern getrennt werden. Bei den Deckblättern hingegen bleiben die Blattadern erhalten.

Formate

Es gibt keine verbindliche Nomenklatur für Zigarrenformate. Viele Begriffe haben sich im Laufe der Zeit aus Unterbezeichnungen bekannter Marken entwickelt. Allen Zigarrenformaten gemein ist ihre Charakterisierung durch die Angabe der Länge und des Ringmaßes (Durchmessers). Das Format ermöglicht einen Rückschluss auf die Dauer des Rauchgenusses. Im weiteren kann das Format auch den Geschmack der Zigarre beeinflussen. Wird zum Beispiel bei Zigarren einer Marke die gleiche Tabakmischung verwendet, so kann das Aroma bei dem Format mit dem größeren Ringmaß stärker zur Entfaltung kommen.

Corona (oben)
Das Grundformat der heute geläufigsten Premium-Zigarren ist die Corona. Sie wurde nach der ersten europäischen Zigarrenfabrik ›La Corona‹ in Sevilla benannt. Kennzeichnend für die Corona ist ihr zylindrischer Körper und ein geschlossenes, stumpfes Mundende. Je nach Anbieter ist sie im Handel in Längen zwischen 13 und 14 Zentimetern bei einem Ringmaß von 16 Millimetern erhältlich.

Panatela
Die Panatela ist ein schlankes und sehr elegantes Zigarrenformat, welches vor allem bei Frauen großen Zuspruch findet. Die Länge beträgt in der Regel zwischen 14 und 16 Zentimetern.

Lonsdale (mitte)
Die Lonsdale wurde nach dem britschen Earl of Lonsdale benannt, der in der Fachwelt als großer Gourmet galt. Das Format ist zwischen 15 und 17 Zentimetern lang und hat einen Durchmesser von 15,9 bis 16,7 Millimetern.

Double Corona (unten)
Als Königin der Zigarren gilt die Double Corona. Sie ist in Längen zwischen 17 und 25 Zentimetern, bei einem Durchmesser von 19 bis 21 Millimetern im Fachhandel erhältlich.

Zur Hauptfermentation werden die Tabakblätter nach Größe und Farbe sortiert und wieder zu Stapeln gehäuft. Dieses Mal sind die Stapel allerdings größer und erreichen deshalb auch eine höhere Temperatur. Ziel der Hauptfermentation ist eine weitere Verringerung des Nikotin-, Teer- und Säuregehaltes der Tabakblätter. Nach der Hauptfermentation werden die Tabake belüftet, wieder gebündelt und bis zu drei Jahren gereift.

Nach der Reifung kontrolliert ein Blendmeister die Qualität der Blätter in einem Labor und trifft eine Auswahl für die Mischung der Zigarren. Das Verschneiden der Tabake ist notwendig, um den Geschmack der Zigarren über Jahre hinweg konstant zu halten.

Dieser Vorgang ist vergleichbar mit dem Vermählen von Single Malts. Die fertige Mischung wird dann an den Zigarrenroller – den so genannten Torcedor – weitergegeben. Der Torcedor rollt zuerst den Einlagetabak in das Umblatt und presst ihn mit Hilfe einer Holzform in ein einheitliches Format. In einem weiteren Arbeitsschritt schneidet er das Deckblatt in gleichmäßige Stücke. Der zurechtgepresste Tabakstrang aus Einlage und Umblatt wird dann von dem Torcedor in das Deckblatt eingerollt. Ein begabter Torcedor kann an einem Arbeitstag bis zu 150 Zigarren drehen.

Wahl der Zigarre

Die Frage nach der richtigen Kombination eines Single Malts mit einer Zigarre ist schwer zu beantworten. Auch wenn eine Zigarre nach vielen Kriterien – wie der Herstellungsmethode oder der Tabakzusammensetzung – beurteilt werden kann, ist die Wahl der Zigarre zum Lieblingswhisky

Geschmackssache. Jeder muss für sich selbst herausfinden, mit welcher Kombination sich die individuelle Geruchs- und Geschmacksempfindung bereichern lässt. Auf dieser Suche kann ein starker Whisky oder eine kräftige Zigarre die Geschmacksnerven eines Einsteigers allerdings schnell überfordern. Aus diesem Grund sei zu Beginn die Entscheidung für ein kleines Format mit einem milden Aroma empfohlen, um eine behutsame Gewöhnung an die Aromenvielfalt zu erreichen.

Nicht jede Zigarre harmoniert mit jedem Whisky! Die Aromen einer Zigarre aus der Dominikanischen Republik würden in Kombination mit einem schweren, torfigen und salzigen Whisky von der Insel Islay nicht richtig zur Entfaltung kommen. Die intensiven Aromen des Islay Malts überdecken die feinen Zigarrenaromen nahezu vollständig. Es wäre sogar schade um die gute Zigarre, da man sich an ihrem Geschmack kaum erfreuen könnte. Für einen kräftigen Islay Malt bietet sich eher ein mittel- bis vollkräftiges Format aus Kuba an.

Der unabhängige Abfüller Chieftain's hat vor einiger Zeit begonnen, passende Zigarren für ihre Single Malts kreieren zu lassen. In Zusammenarbeit mit einer kleinen Zigarrenmanufaktur auf Costa Rica entstanden so drei Zigarren mit Mischungen hochwertiger Tabake aus Costa Rica und Nicaragua – eine leichte, feinwürzige Zigarre mit einem hellen Deckblatt für die Kombination mit einem Lowland Malt; eine mittelkräftige, würzige Zigarre mit einem etwas dunkleren Deckblatt für Malts aus den Highlands; eine mittelkräftige mit einem sehr dunklen, naturfermentierten Deckblatt für torfige Malts der Insel Islay. Um dem Kunden eine schnelle Übersicht zu verschaffen, sind die Etiketten der Single Malts und Zigarren von Chieftain's mit Farbsymbolen gekennzeichnet. Gelb steht dabei für Lowlands, rot für die Highlands und grün für die Insel Islay.

Eine kleine Rauchschule

Lagerung

Eine Zigarre aus dem mittelamerikanischen Raum wird am besten in einem so genannten Humidor aufbewahrt. Bei einem Humidor handelt es sich um eine luftdichte Holzkiste, die das tropische Klima der Herkunftsländer simuliert. Für die meisten Zigarren ist eine Lagerung bei einer konstanten Luftfeuchtigkeit von 65 bis 75 Prozent optimal. Vor der Einlagerung im Humidor sollten die Hüllen von den Zigarren entfernt werden. Während der Lagerung ist es empfehlenswert, den Humidor alle zwei Wochen zu öffnen, um den Zigarren einen Frischluftaustausch zu ermöglichen. Direkter Einfluss von Sonnenlicht kann sich negativ auf den Geschmack der Zigarren auswirken. Viele Fachhändler bieten dem passionierten Zigarrenraucher die professionelle Einlagerung eigener Zigarren an.

Die meisten Zigarren aus dem asiatischen Raum sind trockene Zigarren. Sie erfordern keine Umgebung mit konstant hoher Luftfeuchtigkeit, sondern können getrocknet gelagert und geraucht werden.

Zustand der Zigarre

Vor dem Anzünden einer Zigarre sollte diese auf ihren Zustand überprüft werden. Dies geschieht, indem man sie zwischen Daumen und Zeigefinger greift und einen sanften Druck ausübt. Gibt die Zigarre etwas nach, ist das ein positives Zeichen, das auf eine korrekte Lagerung bei konstant hoher Luftfeuchtigkeit hindeutet. Das Deckblatt sollte sich seidig anfühlen und durch die vorhandenen Öle leicht glänzen.

Anschneiden

Um Zigarren anzuschneiden, benötigt man entweder einen Cutter oder eine Zigarrenschere. Ein Cutter besteht aus einer oder besser zwei Klingen. Der Schnittvorgang wird auch als Guillotine-Verfahren bezeichnet. Beim Schneiden wird mit einem geraden Schnitt ungefähr ein Drittel der Kopfkappe entfernt. Je schneller und unverzögerter dieser Schnitt erfolgt, desto sauberer gelingt er in der Regel. Bei einem unsauberen Schnitt wird die Beschädigung des Deckblattes riskiert, was viele Raucher während des Genusses als störend empfinden.

Anzünden

Nicht nur für den Rauchgenuss selbst, sondern auch für das Anzündritual einer Zigarre ist der Zeitfaktor entscheidend. Der Anzündvorgang wirkt sich stark auf den späteren Geschmack der Zigarre aus. Ein Benzinfeuerzeug zum Beispiel ist für das Anzünden einer Zigarre wenig geeignet. Durch die Verbrennung des Benzins entsteht ein Gas, welches das Aroma der Zigarre schädigt. Eine Kerze ist für den Anzündvorgang ebenfalls unzweckmäßig. Das mit der Flamme aufsteigende Wachs verdirbt das Aroma der guten Zigarre. Der Zigarrenlegende Zino Davidoff zufolge eignet sich am besten ein am Kaminfeuer entfachter Zedernholzspan. Ist dieser zufällig gerade nicht zur Hand, kann man auch auf verlängerte Streichhölzer zurückgreifen. Zuerst wird das Brandende der Zigarre an der Flamme eines Streichholzes angewärmt. Die Zigarre sollte dabei in einem leicht schrägen Winkel gehalten werden, um die gesamte Front des Brandes gleichmäßig zu entfachen. Ein sanftes Blasen auf ihr glühendes Ende stellt sicher, dass die Zigarre gleichmäßig anbrennt. Zum Abschluss wird die Zigarre zwischen die Lippen genommen und vorsichtig mit den Fingern über der Flamme gedreht. Ein direkter Kontakt der Zigarre mit der Flamme ist unbedingt zu vermeiden, da dadurch ihr Geschmack beeinträchtigt werden kann.

Der Rauchgenuss

Eine Zigarre zu rauchen, braucht viel Zeit – Eile ist nicht angebracht. Denn wie Zino Davidoff einst richtig bemerkte: »Eine Zigarre ist wie eine Frau, sie braucht viel Liebe und Zuwendung.« Um das komplette Aroma einer Zigarre zu erfassen, zieht man den Rauch behutsam in den Mund und lässt ihn genüsslich über die Geschmacksrezeptoren im Mund laufen. Anders als bei der Zigarette inhaliert man den Rauch einer Zigarre nicht. Erfahrungsgemäß kann man eine Zigarre bis auf wenige Zentimeter vor der Bauchbinde ohne Geschmacksverluste rauchen.

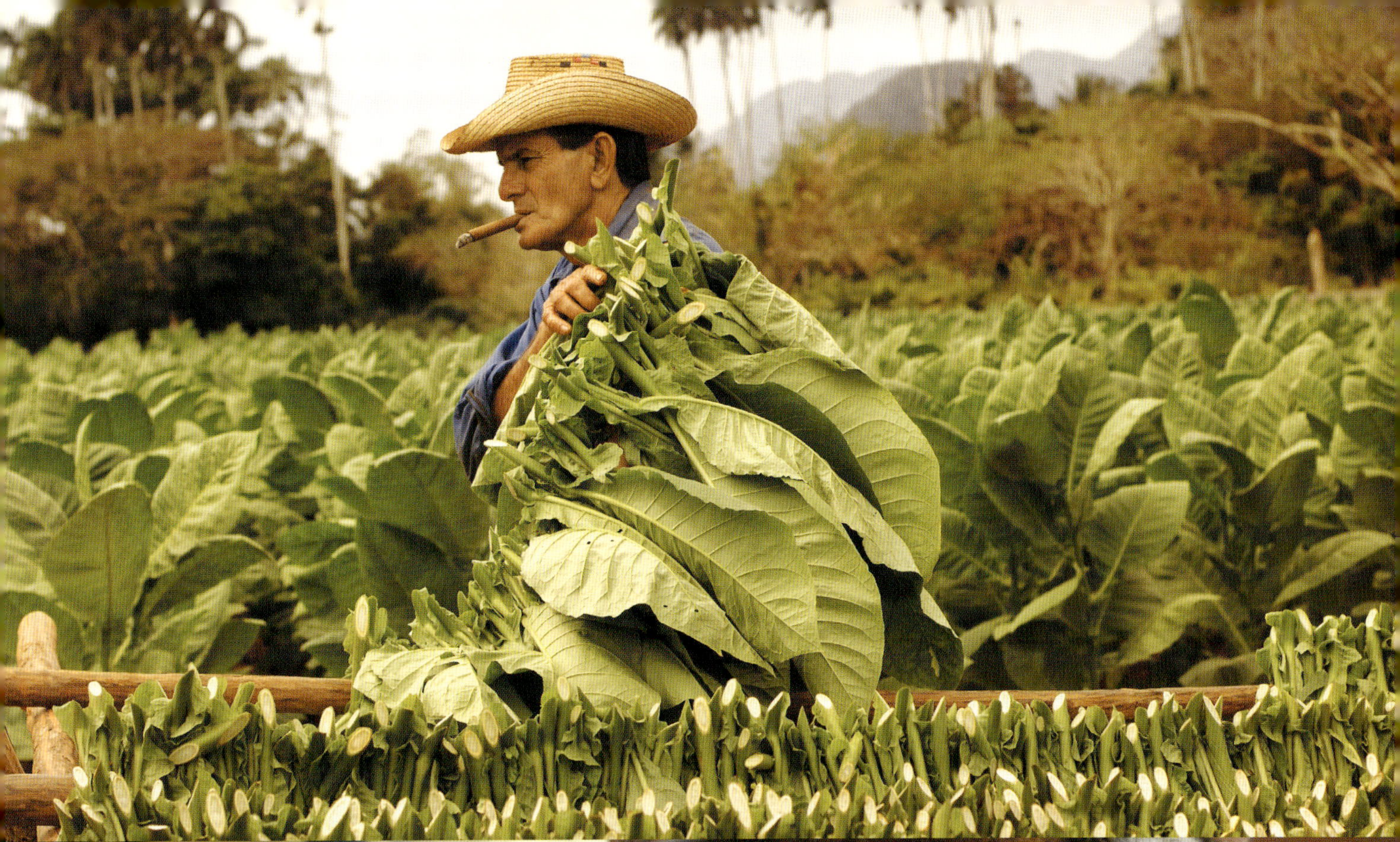

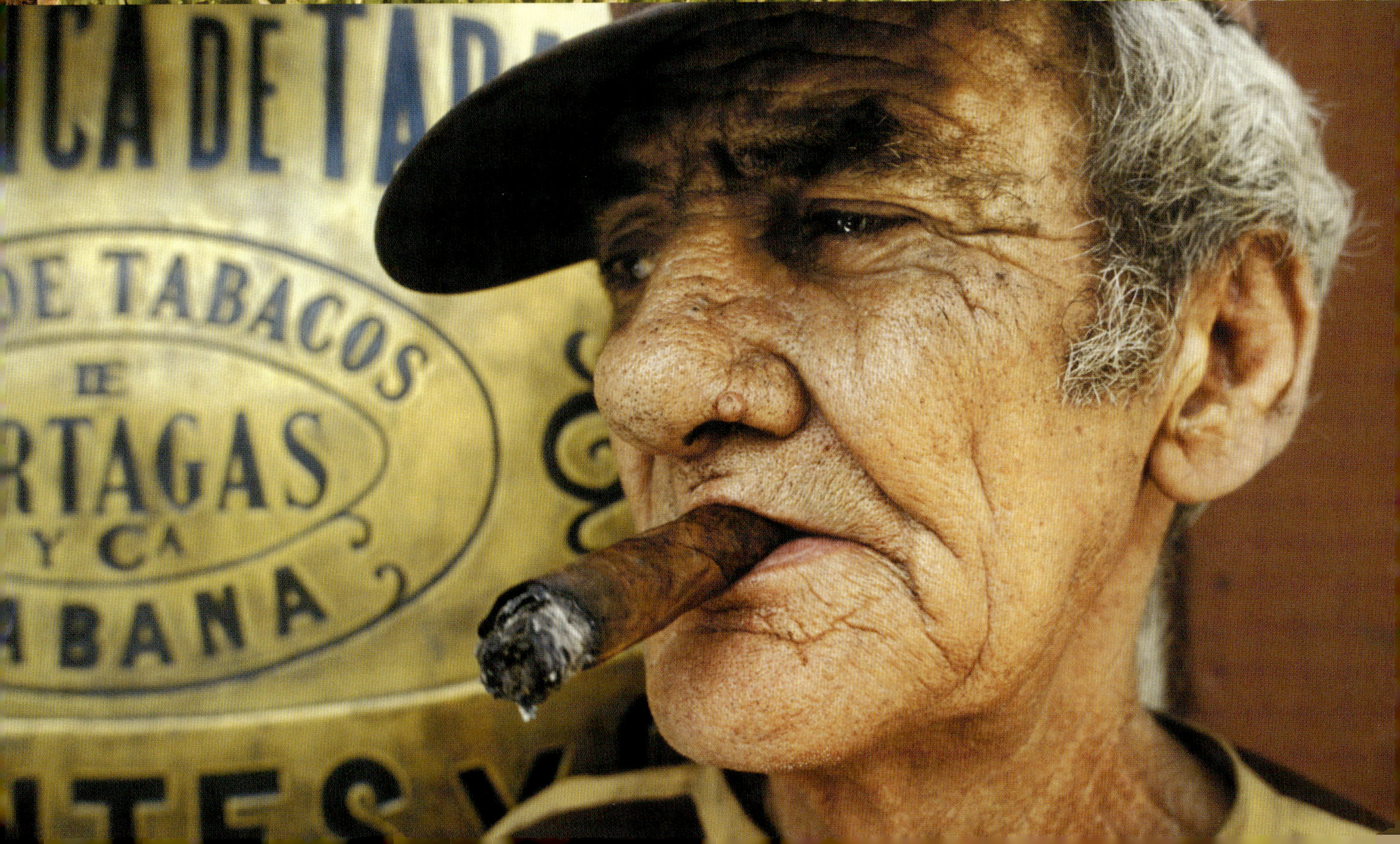
DE TABACOS
DE
Y Cª

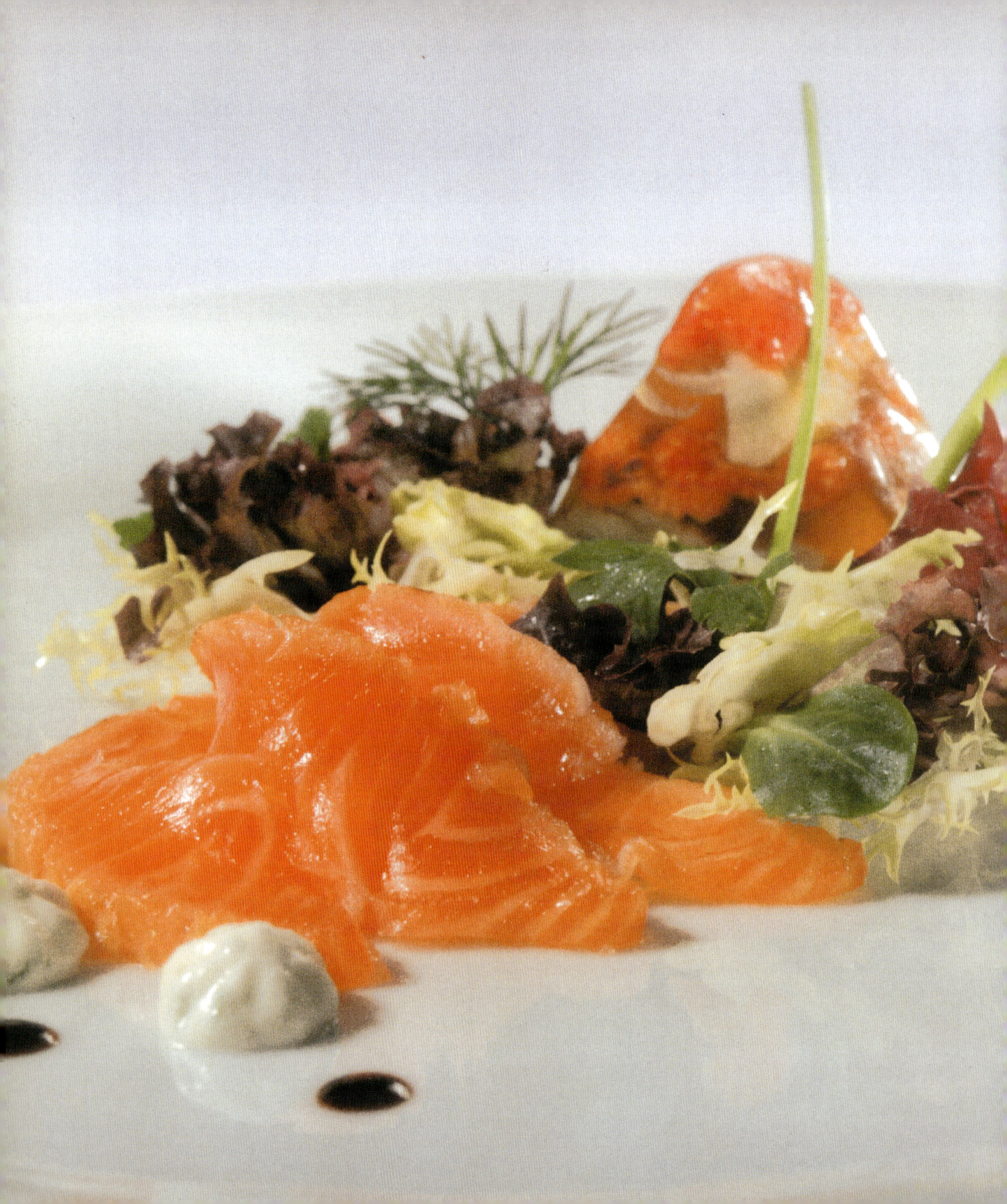

Whisky & Kochen

Mit schottischem Whisky zu kochen bedeutet, dem Essen eine ganz besondere Note zu geben. Ein Single Malt eignet sich nicht nur als Aperitif oder Digestif, sondern auch als hochwertige Zutat beim Kochen.

Ob in Verbindung mit Lachs oder Rehrücken oder in einem Whiskyrahmeis, begleitend zu einem lauwarmen Schokoladenküchlein, Whisky bringt Abwechslung in die Küche. Die folgenden Rezepte, die der Sous Chef des Hotels Elephant in Weimar, Marco Herz, erstellt hat, laden zum Nachkochen ein. Bon appetit!

Mit Sternanis und Whisky gebeizter Lachs

Zutaten für die Anis-Whisky-Beize:
— 100 g Sternanis
— 15 g Wacholder
— 10 g Lorbeer
— 10 g Thymian
— 10 g Fenchelsamen
— 10 g schwarzer Pfeffer
— 10 g Kümmel
— 800 g grobes Meersalz
— 1000 g brauner Zucker

Für 1 kg Lachsfilet benötigt man 250 g Beize, pro kg Filet 50 ml Whisky.

Zubereitung:
Gewürze und Kräuter mischen und grob zerstoßen, danach Zucker und Salz hinzufügen. Die Beize für den Fisch abwiegen und auf dem Filet verteilen, anschließend den Whisky darauf tröpfeln. Den Fisch nun für 48 h abgedeckt kalt stellen. Anschließend den Fisch von der Beize befreien und abtrocknen. Das Filet an der Grätenseite kurz anbraten und an der Hautseite das Filet ablösen.

Serviervorschlag:
Den Lachs in dünne Tranchen schneiden und fächerförmig anrichten. Dazu eignen sich ein bunter Blattsalat und Kräuter-Crème fraiche.

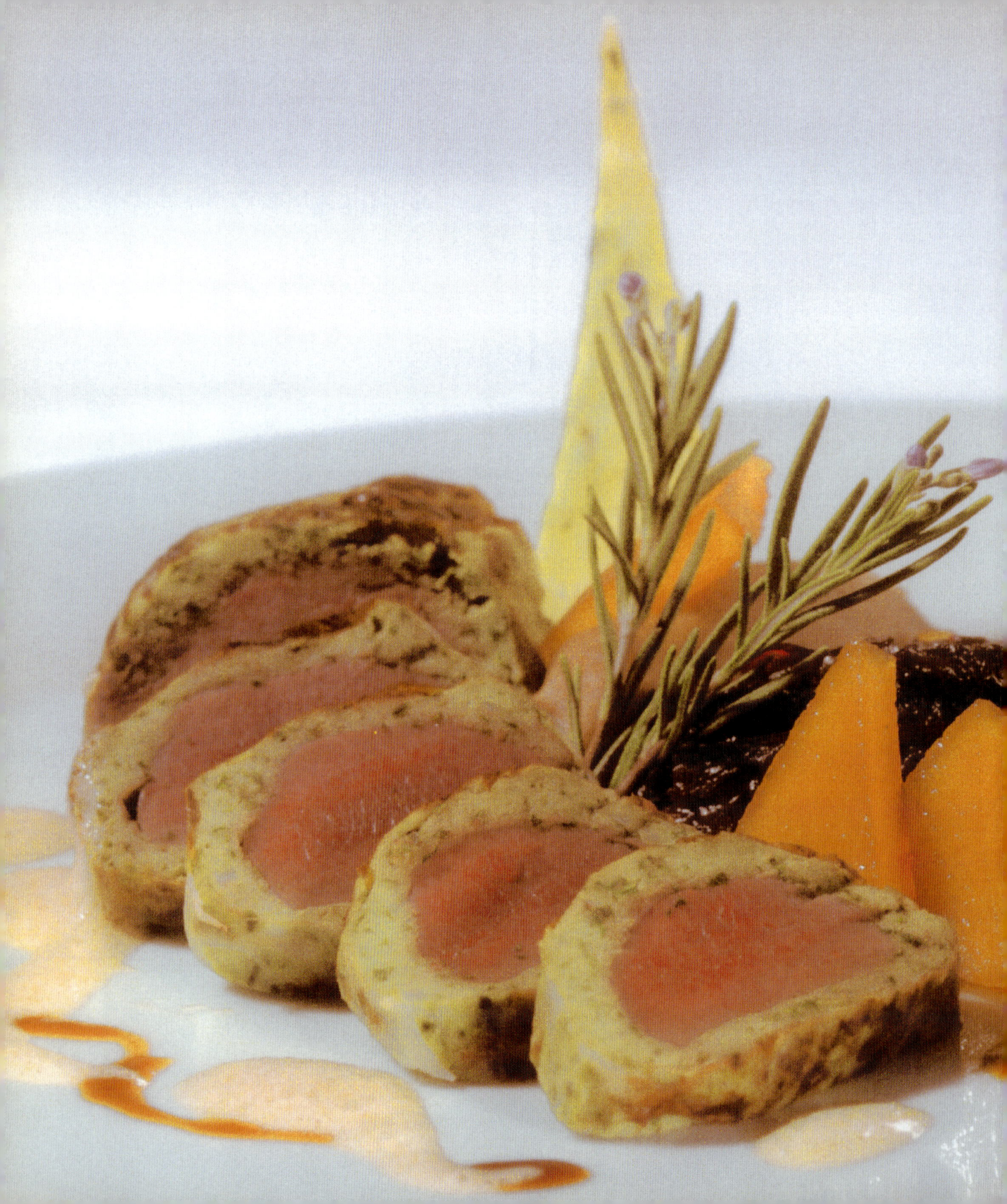

Rehrücken im Petersilienmantel an dunkler Whiskysoße und Maronenpüree

Zutaten für 4 Personen:
— 1 ausgelöster und parierter Rehrückenstrang (ca. 600 g)
— 250 g Petersilienfarce
— 50 g Schweinenetz
— 100 ml Whisky
— 150 ml Rehfond
— 135 ml Sahne
— etwas Butter, Olivenöl, Salz & Pfeffer
— 500 g geschälte Maronen
— 60 g Zucker
— 40 g Butter
— 500 ml Kochsahne
— 80 ml Kirschwasser
— 100 g Pute
— halber Bund Pertersilie
— 1 Schuss Portwein
— Salz
— 1 Ei

Zubereitung Petersilienfarce:
Petersilie waschen, ausschütteln und die Flüssigkeit aufheben. Die Pertersilie hacken und die Pute in grobe Stücke schneiden. Mit dem Ei mischen und ca. 15 Minuten in den Gefrierschrank stellen. Anschließend mit 60 ml Sahne und aufgefangener Flüssigkeit in einer Küchenmaschine kuttern. Salz, gehackte Pertersilie und Portwein hinzufügen.

Zubereitung Rehrücken:
Das Reh mit Salz und Pfeffer würzen. Die Petersilienfarce mit einer Lochtülle auf das ausgebreitete Schweinenetz und das Filet dressieren und es darin einwickeln. Das eingepackte Reh nun von allen Seiten kurz anbraten und für ca. 8-9 Minuten bei 200 ° C in den Backofen schieben. Danach das Fleisch noch 2-3 Minuten ruhen lassen.

Zubereitung Soße:
Den Bratenfond des Rehs mit 25 ml Whisky ablöschen und reduzieren. Jetzt den restlichen Rehfond dazugießen und mit Salz und Pfeffer abschmecken. Zum Schluss die Soße mit kalten Butterflocken binden und abpassieren.

Zubereitung Maronenpüree:
Den Zucker mit der Butter in einem Topf karamellisieren, bis dieser eine goldbraune Farbe hat. Dann die Maronen dazugeben und mit der Hälfte des Kirschwassers ablöschen. Jetzt mit der Kochsahne das Ganze auffüllen. Den Inhalt bei geringer Wärmezufuhr unter ständigem Rühren solange köcheln lassen, bis die Flüssigkeit fast vollständig verkocht ist. Dabei ab und zu mit einem Gummischaber umrühren. Zum Schluss das restliche Kirschwasser dazugeben und alles in einem Kutter glatt pürieren.

Serviervorschlag:
Das Reh in Scheiben schneiden, anrichten und mit der dunklen Soße nappieren. Als Beilage das Maronenpüree dazugeben.

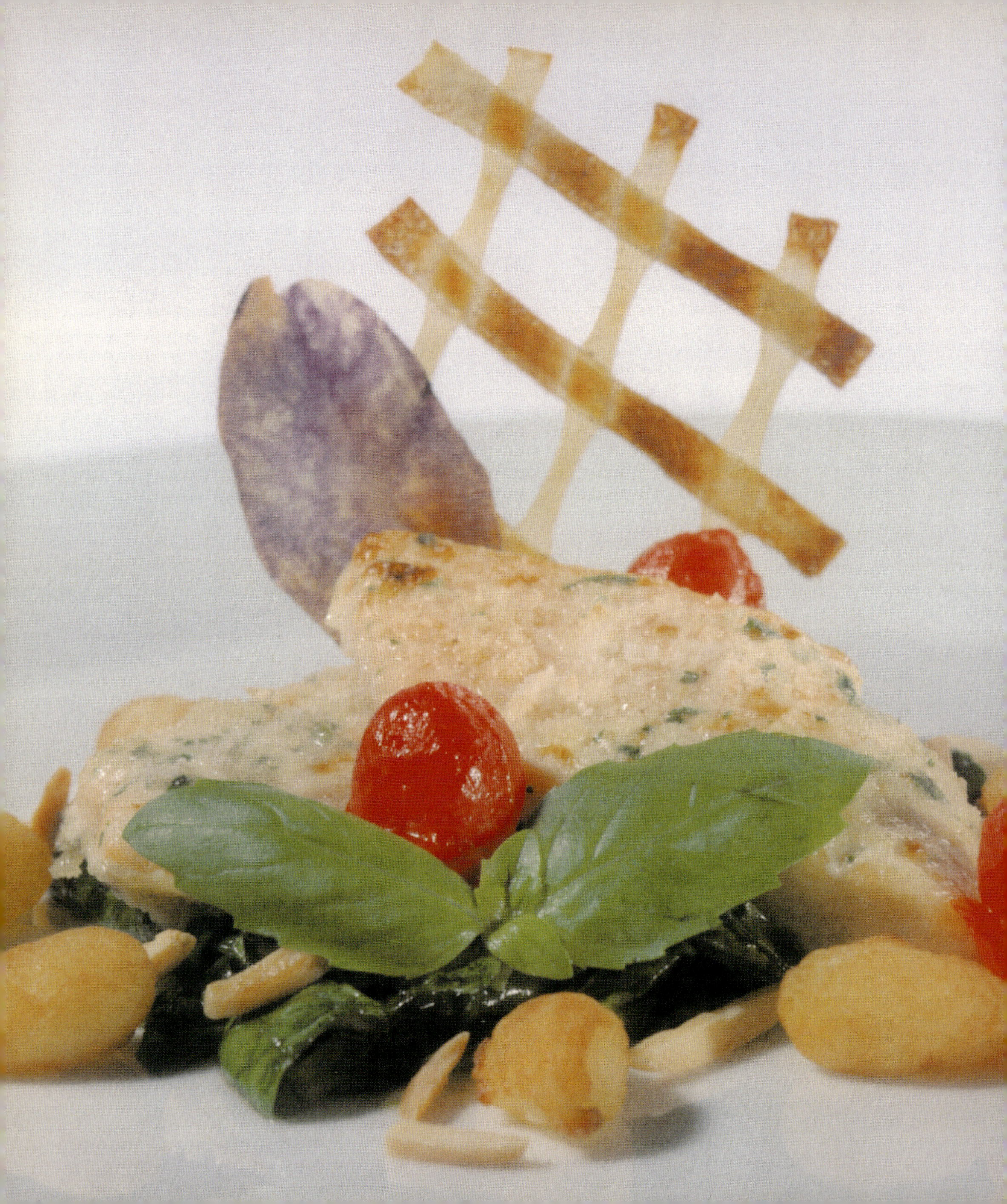

Filet vom Bachsaibling in Whiskysahne mit Olivenkartoffeln

Zutaten für 4 Personen:
— 4 St. Bachsaiblingfilet à ca. 160 g
— 60 g weiche Butter
— 1 TL getrockneter Oregano
— 150 ml Crème fraiche
— 150 ml Sahne
— 1 Schuss Whisky
— 4 große, fest kochende Kartoffeln
— 50 g Mandeln gestiftelt
— Olivenöl
— Salz, Pfeffer

Zubereitung Filets:
Filets entgräten und mit Salz und Pfeffer würzen. Eine Auflaufform mit der Hälfte der Butter ausbuttern, Filets hineinlegen und mit der restlichen Butter bestreichen. Anschließend Filets mit Oregano bestreuen. Crème fraiche, Sahne und Whisky gut miteinander vermischen, mit Salz und Pfeffer abschmecken und über die Filets gießen. Die Auflaufform bei 180 °C für ca. 15 Min. in den Backofen stellen.

Zubereitung Olivenkartoffeln:
Kartoffeln schälen und mit einem olivenförmigen Ausstecher viele kleine Kartoffeln ausstechen. Diese dann in kaltes Salzwasser geben und bissfest kochen. Im Anschluss werden die Kartoffeln in Olivenöl kross gebraten. Zum Schluss noch die Mandelstifte dazugeben und alles mit Salz und Pfeffer abschmecken.

Serviervorschlag:
Die Filets auf den Tellern anrichten, Olivenkartoffeln dazugeben und mit der Soße nappieren. Dazu eignet sich ein mit Schalottenwürfeln angeschwitzter Blattspinat.

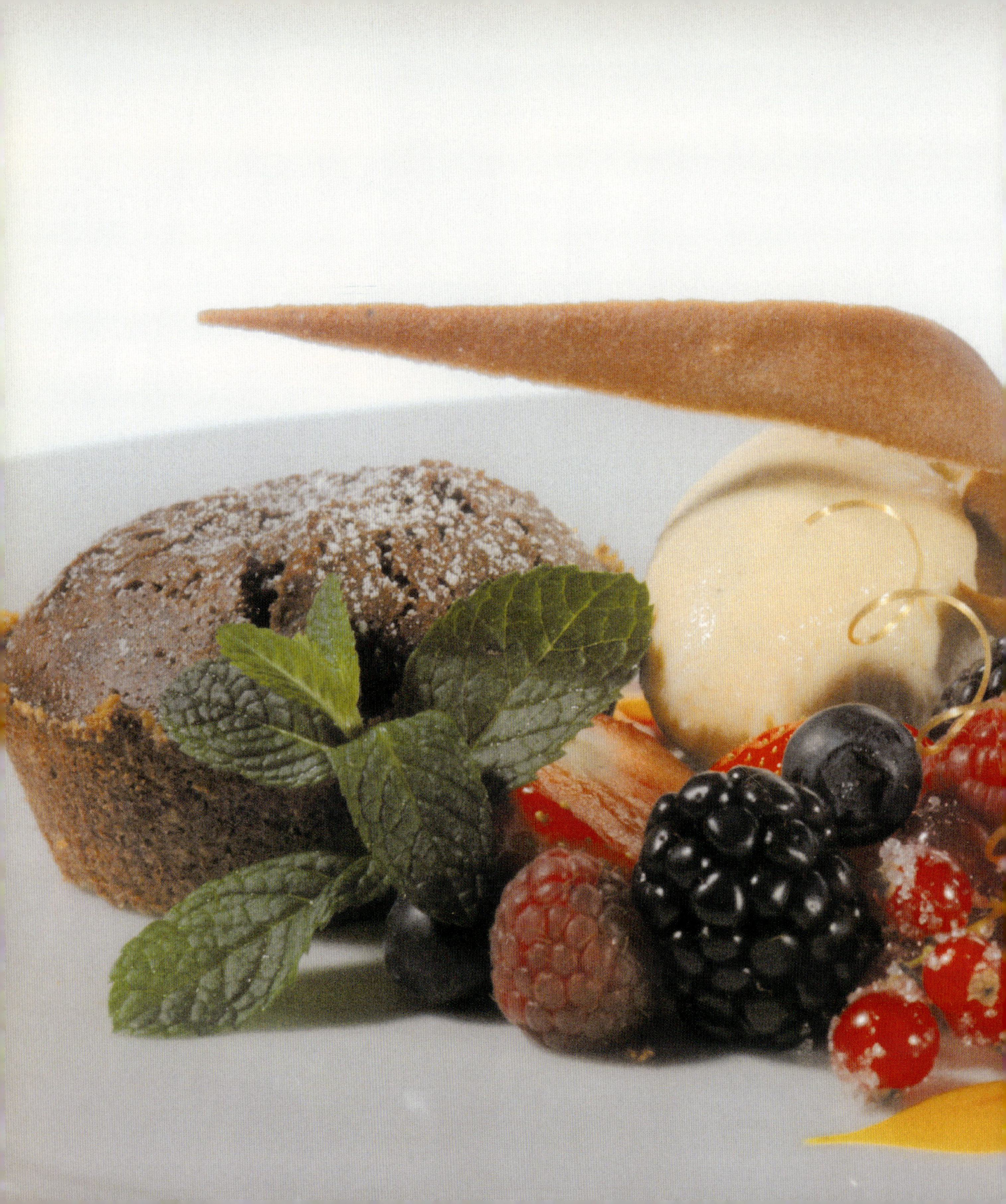

Lauwarmes Schokoladenküchlein mit Whiskyrahmeis und marinierten Beeren, nappiert mit einer Whisky-Sabayon

Zutaten Whiskyrahmeis:
— 250 ml Milch
— 3 Eigelb
— 60 g Zucker
— 50 ml Whisky

Zutaten marinierte Beeren:
— Gemischte frische Beeren
— etwas Beerenpüree
— 1 Schuss Whisky

Zutaten Schokoladenküchlein:
— 250 g dunkle Kuvertüre
— 250 g weiche Butter
— 250 g Zucker
— 125 g Mehl
— 7 Eier
— etwas Haselnussgrieß und Butter

Zutaten Whisky-Sabayon:
— 3 Eigelb
— 50 g brauner Zucker
— 10 cl trockener Weißwein
— 5 cl Whisky

Zubereitung Whiskyrahmeis:
Eigelb und Zucker im Wasserbad schaumig schlagen, anschließend Milch dazugeben und bis zur gewünschten Konsistenz verrühren. Danach den Whisky unterrühren. Nun die Masse in der Eismaschine frieren.

Zubereitung marinierte Beeren:
Die Beeren mit dem Püree und dem Whisky marinieren.

Zubereitung Schokoladenküchlein:
Kuvertüre schmelzen und im Schlagkessel mit der weichen Butter verrühren. Danach Zucker und Mehl dazugeben. Zum Schluss langsam die Eier unterrühren. Jetzt die fertige Masse in ausgebutterte und mit Haselnussgrieß ausgestreute Förmchen geben. Im Ofen bei 200 °C ca. 8-9 Minuten backen.

Zubereitung Whisky-Sabayon:
Das Eigelb mit dem Zucker in einer größeren Schüssel gut verrühren. Den Weißwein und den Whisky dazugeben. Anschließend wird das Ganze in einem nicht zu heißen Wasserbad schaumig aufgeschlagen.

Serviervorschlag:
Die marinierten Beeren auf dem Teller bunt anrichten. Das Schokoladenküchlein stürzen – dessen Kern sollte dabei noch flüssig sein. Zum Schluss noch eine Nocke Eis dazugeben und mit einer Whisky-Sabayon alles nappieren.

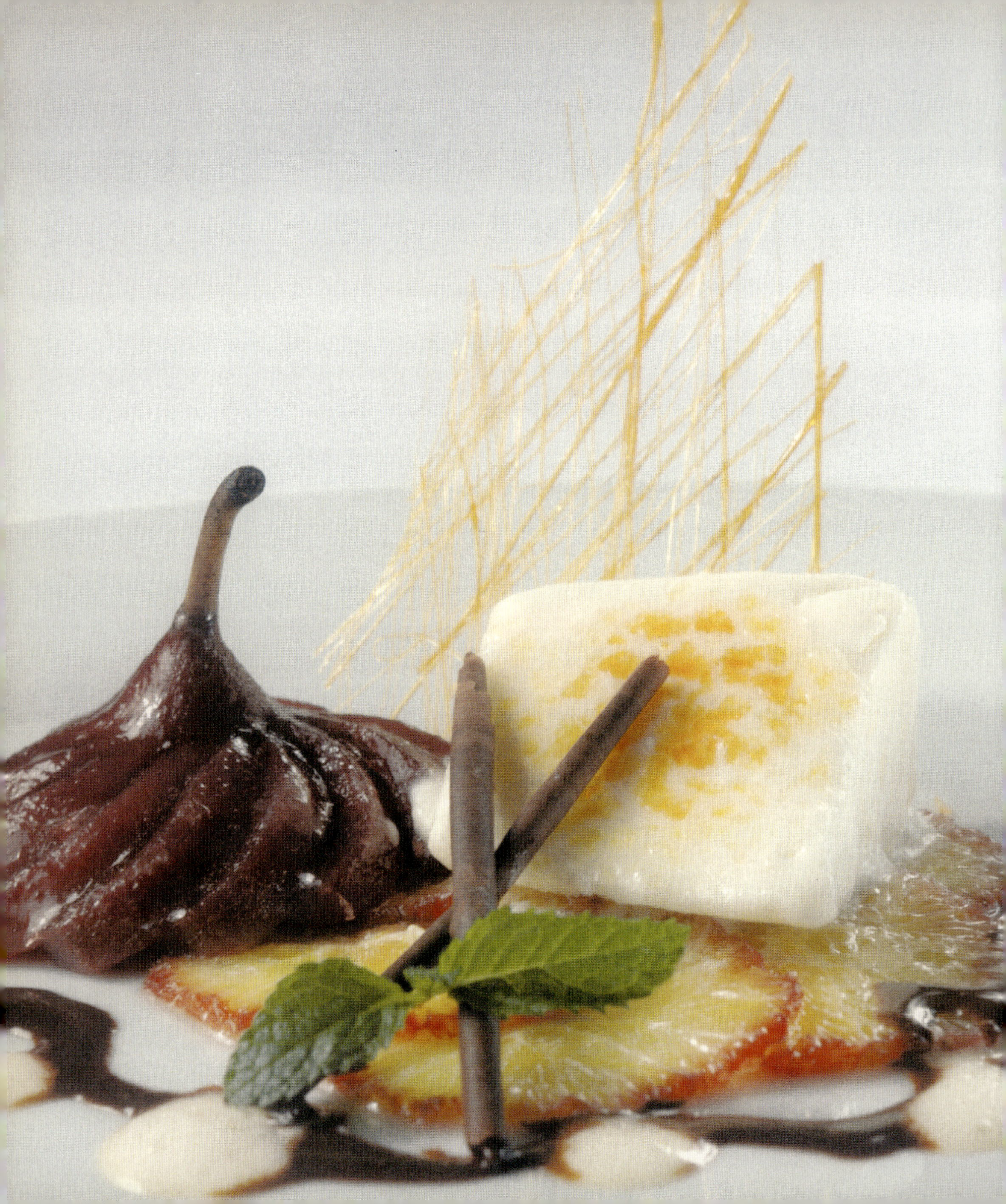

Karamellisiertes Whisky-Parfait mit pochierter Birne

Zutaten:
— 70 g helle Kuvertüre
— 2 Eigelb
— 1 Ei
— 250 g Zucker
— 30 ml Whisky
— 500 g geschlagene Sahne
— Puderzucker zum Karamellisieren
— 4 kleine Birnen
— 250 ml halbtrockener Rotwein
— 1 Orange
— 1 Zitrone
— 2 Zimtstangen
— 2 Nelken

Zubereitung Whisky-Parfait:
Kuvertüre im Wasserbad schmelzen und leicht kühlen lassen. Eigelb und Ei mit 150 g Zucker schaumig schlagen. Hat die Masse Körpertemperatur erreicht, die Kuvertüre hinzugeben. So lange schlagen, bis die Masse kalt ist und dann den Whisky untermengen. Jetzt die geschlagene Sahne unter die Masse heben. Die Parfaitmasse nun in Formen nach freier Wahl abfüllen und für ca. 12 h in das Gefrierfach stellen.

Zubereitung pochierte Birne:
Zuerst die Birnen schälen und mit einem Pariser Ausstecher vom Strunk her das Kerngehäuse aushöhlen. Dann mit einem Sparschäler die Schale von der Orange und der Zitrone abschälen und mit dem ausgepressten Saft der Früchte, dem Rotwein, Portwein, 100 g Zucker, den Zimtstangen und Nelken zusammen aufkochen. Das Ganze nun um ein Drittel einreduzieren. Die Birnen in dem Fond bissfest pochieren und im Anschluss weitere 24 Stunden im Sud marinieren. Zum Anrichten die Birnen mit einem Messer einschneiden und fächerförmig auflegen. Als letztes werden die Birnen mit etwas mit Stärke abgezogenem Fond noch leicht abgeglänzt.

Serviervorschlag:
Das Parfait stürzen in dickere Scheiben schneiden und mit reichlich Puderzucker bestreuen. Jetzt das Parfait mit einem Gasbrenner karamellisieren. Nun das fertige Parfait mit der pochierten Birne auf einem Teller anrichten. Dazu eine Schokoladen-Minz-Soße reichen.

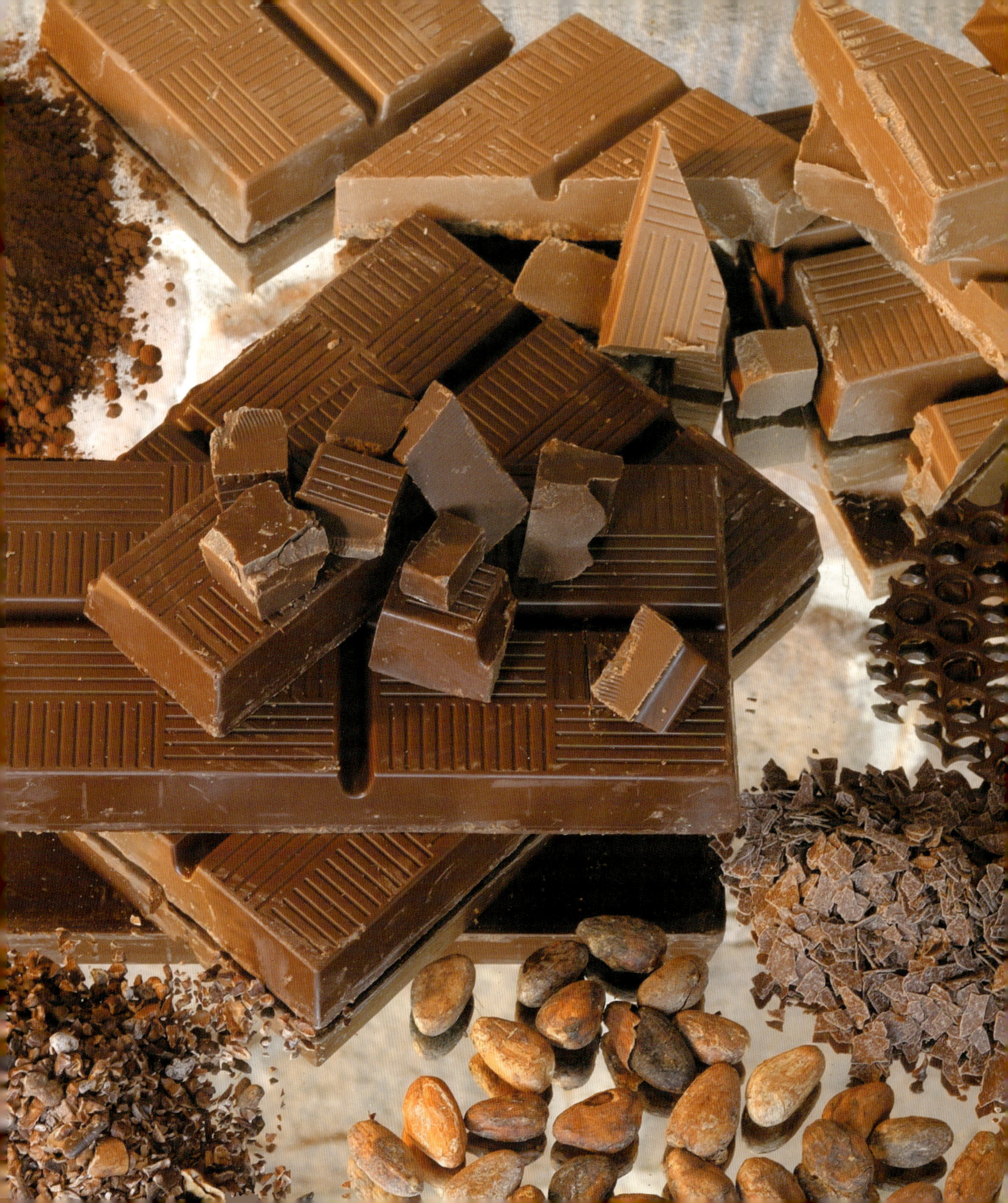

Whisky & Schokolade

In wahrhaft göttlichen Rang erhob Carl von Linné – schwedischer Arzt und Naturforscher – die Kakaopflanze, die er 1753 auf den Namen ›Theobroma‹ - ›Speise der Götter‹ taufte. Von ebenso göttlichem Rang sind die Whisky-Schokoladen-Rezepte von Olivier Fabing, Patissier im Kloster Hornbach.

Die Ursprünge der heutigen Schokolade führen Historiker auf den mittelamerikanischen Indianerstamm der Olmeken zurück, die bereits 1500 Jahre vor Christus kakawa-Bäume kultivierten. Diese stellten aus den Bohnen der Pflanze allerdings nur ein Getränk mit dem Namen cacao her. Einer Legende zufolge lehrte Quetzalcoatl – der Gott des Windes – den Indianern die Kunst der Zubereitung des Göttertrankes.

Durch Handel gelangte der cacao zu den Mayas, die ihn ebenfalls nur in flüssiger Form genossen. Um die Bitterstoffe der Kakaobohne zu überlagern, vermengten sie das Getränk damals mit einer Mischung aus Chilipfeffer, Vanille und Honig. Da die Mayas noch keine Milch kannten, wurde die Kakaomasse mit warmem Wasser verrührt. Der Kakao war den Mayas unter dem Begriff xocoltatl geläufig, was sich aus den Worten xoco (bitter) und atl (Wasser) zusammensetzt. Die Kakaobohnen galten als Luxusgut und waren sehr teuer. Daher verwendeten die Mayas – und später die Azteken – die Kakaobohnen als Zahlungsmittel.

Christopher Kolumbus entdeckte die Kakaobohne 1502 bei seiner vierten Fahrt nach Amerika. Für die Spanier in der Heimat war das bittere Schokoladengetränk jedoch stark gewöhnungsbedürftig. Erst als die Gewürze durch Zucker ersetzt wurden, stieg die Beliebtheit des Getränks in der Bevölkerung. Sie war es auch, die den Namen von cacahuatl in chocolatl änderte, da der ursprüngliche Ausdruck im Spanischen eine gewisse Verbindung zu Fäkalien vermuten ließ. In der Mitte des 16. Jahrhunderts drang der Kakao weiter auf den europäischen Kontinent vor. Da der Import von Kakaobohnen und Zucker sehr teuer war, war das Getränk zunächst den Adligen vorbehalten.

1849 stellte ein britischer Fabrikant auf einer Messe in Birmingham der Öffentlichkeit erstmals eine Tafelschokolade vor. Als entscheidende Neuerung wurde die Kakaobutter – bislang lediglich Abfallprodukt nach der Fermentation der Frucht – mit verwendet. Es sollte weitere drei Jahrzehnte dauern, bis ein Schweizer Chocolatier die erste Milchschokolade herstellte.

Herstellung

Der Kakaobaum bedarf zum Wachstum eine gleichmäßige Wärme sowie eine hohe Boden- und Luftfeuchtigkeit. Unter diesen Bedingungen, auf die man ausschließlich in den tropischen Zonen der Erde trifft, erreicht die Kakaopflanze eine Höhe von bis zu 15 Metern. Um die Bohnen besser ernten zu können, werden die Pflanzen auf modernen Plantagen auf einer Größe von fünf bis sechs Metern gehalten. Die Kakaopflanze hat eine grüne Baumkrone mit dunklen Blättern und einen ungleichmäßigen Stamm mit einer bräunlich weißen Rinde. Die Theobroma kann Blüten und Früchte zur gleichen Zeit tragen und blüht dadurch das ganze Jahr. Die Früchte können zweimal pro Jahr geerntet werden. Sie sind etwa 15 bis 20 Zentimeter lang und sieben bis zehn Zentimeter dick. In vollreifem Zustand weisen sie eine gelb-rote bis bräunliche Farbe auf. Eine Frucht bildet ungefähr 50 weiß-bräunliche Samen aus.

Fermentation

Um die Samen vom Fruchtfleisch zu trennen und keimunfähig zu machen, wird die Frucht fermentiert.

Die Indianer wickelten die Frucht mit den Samen zu diesem Zweck in Bananenblätter. Heute finden zur Fermentation hölzerne Gärbehälter mit einem löchrigen Boden Verwendung. Die Früchte werden für diesen fünf- bis zehntägigen Prozess in die Behälter gefüllt. Alle zwei Tage muss die Fruchtmasse umgerührt und belüftet werden. Im Laufe der Fermentation verflüssigt sich das Fruchtfleisch und fließt ab. Die Kakaosamen nehmen während des Vorgangs eine braune Farbe an. Bevor die Samen weiterverarbeitet werden können, müssen sie noch für einige Tage in der Tropensonne getrocknet werden.

Verarbeitung

Vor dem Rösten werden die Kakaobohnen zunächst sorgfältig gereinigt. Der Röstvorgang bei einer Temperatur von ungefähr 150 °C dauert zwischen 10 und 30 Minuten. Ziel hierbei ist die Reduzierung des Säure- und Gerbstoffgehaltes. Danach werden die Bohnen mit Hilfe von Brechwalzen aufgebrochen, um an die Kakaomasse gelangen zu können.

Aus dieser Masse werden schließlich sowohl die Kakaobutter als auch das Kakaopulver gewonnen. Unter hohem Druck fließt die Kakaobutter im nächsten Verarbeitungsschritt aus speziell konzipierten Presskammern ab. Der Rückstand wird weiter zerkleinert und zu Kakaopulver zermahlen. Die Kakaobutter ist die Grundlage für die Weiterverarbeitung zu Schokolade. Durch Zugabe von Kakaomasse entsteht das erste Zwischenprodukt auf dem Weg zum süßen Naschwerk.

Je nach Rezeptur werden nun Milch, Zucker, Sahne und weitere Zutaten beigefügt. Das Ergebnis – ein grobkörniger, knetfähiger Brei – muss jetzt noch gewalzt und zerrieben werden, bis es die geforderte Feinheit erreicht hat. Dieser Prozess kann sich in Abhängigkeit von der Qualität der Schokolade über einige Tage erstrecken. Endlich ist die Schokoladenmasse gießfähig und lässt sich nun beliebig in verschiedenste Formen einfüllen.

Wahl der Schokolade

Süße Verführung, Herausforderung für den Gaumen und spannendes Geschmackserlebnis zugleich ist der Genuss von einem guten Malt Whisky in Kombination mit einem Stück zartbitterer Edelschokolade. Whisky und Schokolade können sich in ihren geschmacklichen Eigenschaften ideal ergänzen.

Dabei kommt es natürlich auf die richtige Auswahl an. So harmoniert beispielsweise der zartherbe Kakaogeschmack hervorragend mit den leichten Honig-Anklängen und Vanille-Noten eines Speysiders.

Als Pionier auf diesem Gebiet zählt der Schweizer Whiskykenner Jacques Szmulovski. Er empfiehlt, zuerst eine Schokolade mit einem Kakaoanteil von mindestens 70 Prozent einige Minuten langsam im Mund zerschmelzen zu lassen und anschließend die Prozedur mit der Verkostung eines würzig-süßen Single Malts aromatisch abzurunden.

Whisky Pralinen

Zutaten:
— 600 g Zartbitter Kuvertüre
— 300 g Vollmilch Kuvertüre
— 450 ml Sahne
— 150 g Butter
— 12 Esslöffel Whisky
— dunkler Kakao

Zubereitung:
Die Kuvertüre fein hacken und in einem großen Schlagkessel im Wasserbad schmelzen.
Die Sahne aufkochen, mit der Kuvertüre verrühren, abkühlen, aber nicht fest werden lassen.
Die zimmerwarme Butter cremig aufschlagen, mit der Kuvertürecreme verrühren.
Die Pralinenmasse mit dem Whisky parfümieren. Die Masse in eine mit Backpapier ausgelegte Form füllen, glatt streichen, zudecken. Über Nacht kalt stellen. Mit einem Teelöffel aus der Masse kleine Portionen abstechen, auf ein Backpapier setzen, 20 Minuten kalt stellen.
Mit den Händen zu Kugeln formen und nacheinander in dunklem Kakao wälzen.
Zum Kaffee servieren oder mit einem Whisky vor dem Kamin genießen.

Serviervorschlag:
Die Pralinen mit der Aufschnittmaschine hauchdünn aufschneiden, auf ein Teller als Carpaccio legen, mit einem Whisky leicht nappieren.

Zartbitteres Schokoladen-Nougat-Whisky-Parfait im Schokoladenkörbchen

Zutaten:
— 150 g Zartbitter Kuvertüre
— 50 g Nougat
— 4 Eigelb
— 2 Eier
— 250 g Zucker
— 500 g Sahne
— 9 Esslöffel Whisky

Zubereitung:
Schokolade und Nougat im Wasserbad schmelzen. Während dieser Zeit auf dem heißen Wasserbad Eigelb, Eier und Zucker aufschlagen. Beide Massen untermischen, die geschlagene Sahne unterheben. Den Whisky dazugeben.
Die Parfaitmasse 3 bis 4 Stunden kalt stellen, mit dem Eisportionierer schöne Kugeln abstechen, in das Schokoladenkörbchen geben, mit Schokoladenraspeln dekorieren und leicht mit Kakaopuder bestreuen.

Serviervorschlag:
Das Parfait erhält einen besonderen Charakter, wenn es im Schokoladenkörbchen serviert wird. Benötigt wird dafür eine kleine Soufflé- oder Timbaleform und Papiermanschetten.
Die Manschette in die Form legen, mit geschmolzener Kuvertüre füllen, kurz kühl stellen. Anschließend die Masse ausgießen und kalt stellen. Damit das Körbchen fest wird, die Papiermanschette abziehen. Nun ist die Form für das Parfait fertig.

Symbiose von Schokolade und Whisky

Zutaten:
— 110 g Zartbitter Schokolade
— 110 g Butter
— 3 Eier
— 350 g Zucker
— 50 g Mehl
— l Milch
— 1 l Sahne
— 400 g weiße gehackte Schokolade
— 100 g Whisky
— rote Kirschen

Zubereitung Soufflé:
110 g Zartbitter Schokolade mit 110 g Butter im Wasserbad schmelzen.
Während dieser Zeit 3 Eier mit 150 g Zucker ca. 8 Minuten schaumig schlagen.
Beide Massen vermischen und 50 g Mehl dazugeben.
In eine Espresso Tasse füllen, die im Vorfeld gebuttert und gezuckert wird. Im Ofen bei 180 ° C ca. 15 Minuten backen.

Zubereitung Eis:
200 g Zucker, 1 l Milch, 1 l Sahne aufkochen. Auf 400 g weiße gehackte Schokolade gießen, verrühren, mit 100 g Whisky abschmecken.
In der Eis-Maschine frieren.

Serviervorschlag:
Einige rote Kirschen vorbereiten. Das Schokoladensoufflé stürzen, auf dem Teller eine Kugel Eis dazu geben, mit den Kirschen dekorieren.

Achtung:
Der Kern des Soufflés bleibt flüssig. Beim Anschneiden, läuft die Schokoladen-Masse heraus und ersetzt damit eine Sauce.

LAGAVULIN
DISTILLERY
ESTD 1816 ISLA
LAGAVULIN
SINGLE ISLAY MALT WHISKY
AGED 16 YEARS
SCOTCH WHISKY

1
2
3

Whisky & Drinks

Ein Single Malt lässt sich nicht nur pur genießen, sondern auch in einem erfrischenden Cocktail. Ob als Klassiker, als exotische oder fruchtige Kreation oder in hochprozentiger Variante, bietet ein Whisky-Cocktail für jeden Geschmack und für alle Gelegenheiten eine hervorragende Abwechslung.

Das schottische Nationalgetränk gemixt mit Säften, Sirup und Likören lässt die Baratmosphäre auch in den eigenen vier Wänden entstehen. Dafür hat das Bar-Team des Kempinski-Hotels Airport München unter der Leitung von Bernhard Stadler einige Klassiker und Geheimtipps der Szene zusammengetragen.

Die von ihnen ausgewählten Rezepte zeigen die inspirierende Kraft, die ein Cocktail am frühen Abend oder zu später Stunde haben kann. Tipps für die Zubereitung und Anregungen für eine ansprechende Dekoration laden zum Ausprobieren ein. Prost!

Rob Roy (1)
— 4 cl Scotch
— 2 cl Vermouth Rosso
— 1 Dash Angostura

Glas: Martini
Zubereitung: Shaker
Deko-Tipp: Cocktailkirsche

Sweet Lady (2)
— 4 cl Scotch
— 1 cl Crème de Cacao weiß
— 1 cl Peach Brandy

Glas: Martini
Zubereitung: Shaker

Rusty Nail (3)
— 3 cl Scotch
— 3 cl Drambuie

Glas: Tumbler
Zubereitung: Gästeglas

Barbicane

— 3 cl Scotch
— 1 cl Drambuie
— 3 cl Maracujanektar
— 1 Dash Zitronensaft

Glas: Martini
Zubereitung: Shaker
Deko-Tipp: Cocktailkirsche

Whisky Fizz

— 4 cl Scotch
— 2 cl Zitronensaft
— 1 cl Zuckersirup
— Mineralwasser zum Füllen

Glas: Longdrink
Zubereitung: Shaker

Free Fall (4)

— 3 cl Scotch
— 2 cl Malibu
— 1 cl Maracujasirup
— 1 cl Zitronensaft
— 6 cl Ananassaft

Glas: Longdrink
Zubereitung: Shaker
Deko-Tipp: Ananasstück, Cocktailkirsche

Highland Witch (5)

— 5 cl Scotch
— 2 cl Strega Liquor

Glas: Old Fashioned
Zubereitung: Gästeglas
Deko-Tipp: Orangenscheibe

Service

Notationen

Glen Grant
10-jährig,
43 Vol.-Prozent Alkohol
Farbe: blassgolden
Duft: floral, fruchtig, nussig
Mundgefühl/Konsistenz:
leicht bis mittelschwer, etwas klebrig
Geschmack: nussig, malzig-süß, frisch
Abgang: mittellang, trocken

Bruichladdich
10-jährig,
46 Vol.-Prozent Alkohol
Farbe: gelbgolden
Duft: floral, fruchtig, frisch, Seeluft
Mundgefühl/Konsistenz:
mittelschwer, etwas ölig, sanft
Geschmack: Karamel, Zitrone, malzig, salzig
Abgang: mittellang, etwas scharf

Auchentoshan
10-jährig,
40 Vol.-Prozent Alkohol
Farbe: tiefgolden
Duft: floral, Zitrusfrüchte, Vanille
Mundgefühl/Konsistenz:
leicht, etwas ölig, sanft
Geschmack: Orange, fruchtig, süß
Abgang: mittellang, erfrischend

Aberlour
10-jährig,
40 Vol.-Prozent Alkohol
Farbe: bernstein
Duft: malzig, würzig, süß
Mundgefühl/Konsistenz:
mittelschwer, sanft
Geschmack: Sherry, Malz, würzig, fruchtig
Abgang: mittellang, weich, harmonisch

Bowmore
›Legend‹, 8-jährig,
40 Vol.-Prozent Alkohol
Farbe: tiefgolden
Duft: rauchig, torfig, Seeluft
Mundgefühl/Konsistenz:
mittelschwer, scharf
Geschmack: Torf, Rauch, metallisch,
salzig, etwas süß
Abgang: mittellang, wild

Glenmorangie
10-jährig,
40 Vol.-Prozent Alkohol
Farbe: blassgolden
Duft: frisch, floral, fruchtig, Honig
Mundgefühl/Konsistenz:
leicht bis mittelschwer, trocken
Geschmack: Heidekraut, Moos, leicht scharf
Abgang: ausgeprägt, gut balanciert

Edradour
10-jährig,
40 Vol.-Prozent Alkohol
Farbe: tiefgolden
Duft: würzig, Menthol, Sahne
Mundgefühl/Konsistenz:
leicht bis mittelschwer, schwach ölig

Geschmack: geröstete Mandeln,
flüchtiger Sherry, Rauch
Abgang: mittellang, rustikal

Springbank
15-jährig,
46 Vol.-Prozent Alkohol
Farbe: altgolden
Duft: Butter, Trockenfrucht, Tabak,
Vanille, Salz, modrig
Mundgefühl/Konsistenz:
Mittelschwer bis schwer, etwas ölig
Geschmack: Holz, Nuss, Pfeffer,
Salz, Butter
Abgang: intensiv, holzig, malzig

Glenfiddich
›Solera Reserve‹, 15-jährig,
40 Vol.-Prozent Alkohol
Farbe: poliertes Gold
Duft: malzig, fruchtig, Vanille, Honig
Mundgefühl/Konsistenz:
leicht bis mittelschwer, weich, samtig
Geschmack: Nüsse, Früchte, Schokolade,
Sahne, leicht würzig
Abgang: mittellang, sahnig

Cragganmore
12-jährig,
40 Vol.-Prozent Alkohol
Farbe: altgolden
Duft: fruchtig, salzig, Tabak
Mundgefühl/Konsistenz:
leicht bis mittelschwer, weich, trocken
Geschmack: Kräuter, sanfter Rauch,
floral, malzig-süß
Abgang: mittellang, komplex,
harmonisch

Talisker
10-jährig,
45,8 Vol.-Prozent Alkohol
Farbe: Oloroso Sherry
Duft: rauchig, salzig, Seeluft
Mundgefühl/Konsistenz:
Mittelschwer bis schwer, etwas ölig
Geschmack: Rauch, Torf, Pfeffer,
würzig, malzig-süß
Abgang: lange, komplex, wuchtig

Laphroaig
10-jährig,
40 Vol.-Prozent Alkohol
Farbe: bernstein
Duft: rauchig, torfig, medizinisch, Seetang
Mundgefühl/Konsistenz:
mittelschwer, ölig
Geschmack: Rauch, Jod, Seegras,
salzig, leicht süß
Abgang: lange, warm, trocken

Highland Park
12-jährig,
40 Vol.-Prozent Alkohol
Farbe: bernstein
Duft: rauchig, salzig, Kräuter
Mundgefühl/Konsistenz:
mittelschwer bis schwer, etwas ölig
Geschmack: Rauch, Torf, frisches Holz,
scharf, salzig, leicht süß
Abgang: mittellang, komplex, trocken

Isle of Jura
10-jährig,
40 Vol.-Prozent Alkohol
Farbe: tiefgolden
Duft: floral, ölig, salzig
Mundgefühl/Konsistenz:
leicht, etwas ölig, weich
Geschmack: Vanille, fruchtig, salzig
Abgang: mittellang, salzig

Old Pulteney
12-jährig,
40 Vol.-Prozent Alkohol
Farbe: gelbgolden
Duft: salzig, würzig, Terpentin,
Waldfrucht
Mundgefühl/Konsistenz:
mittelschwer, etwas ölig
Geschmack: Honig, Malz, Salz,
wenig Torf
Abgang: mittellang, salzig

Macallan
›Sherry Oak‹, 12-jährig,
43 Vol.-Prozent Alkohol
Farbe: kupfern
Duft: floral, Sherry, Vanille, Honig
Mundgefühl/Konsistenz:
mittelschwer, etwas ölig, sanft
Geschmack: Sherry, Zitrusfrüchte,
malzig-süß, würzig
Abgang: lange, abgerundet, trocken

Ardbeg
›Uigeadail‹,
54,2 Vol.-Prozent Alkohol
Farbe: blassgolden
Duft: rauchig, torfig, salzig, Seeluft
Mundgefühl/Konsistenz:
mittelschwer, kräftig
Geschmack: Rauch, Torf, salzig,
medizinisch
Abgang: lange, schwer, komplex, intensiv

Dalmore
12-jährig,
40 Vol.-Prozent Alkohol
Farbe: bernstein
Duft: holzig, nussig, Butter
Mundgefühl/Konsistenz:
mittelschwer, samtweich
Geschmack: Sandelholz, Heidekraut,
nussig, würzig, salzig
Abgang: mittellang, ausbalanciert

The Glenlivet
18-jährig,
43 Vol.-Prozent Alkohol
Farbe: poliertes Gold
Duft: floral, leicht torfig, Sherry
Mundgefühl/Konsistenz:
mittelschwer, sanft
Geschmack: etwas Rauch, floral,
fruchtig, malzig-süß
Abgang: lange, komplex

Lagavulin
16-jährig,
43 Vol.-Prozent Alkohol
Farbe: altgolden
Duft: rauchig, torfig, salzig, Seeluft
Mundgefühl/Konsistenz:
schwer, kräftig
Geschmack: Torf, Rauch, Holz, salzig
Abgang: lange, komplex, glühend

Balvenie
Double Wood, 12-jährig,
40 Vol.-Prozent Alkohol
Farbe: bernstein
Duft: Sherry, süße Früchte,
Honig, Vanille
Mundgefühl/Konsistenz:
leicht bis mittelschwer, etwas ölig
Geschmack: Sherry, Nuss, Zimt,
Orange, würzig
Abgang: lang, harmonisch, wärmend

Glengoyne
›Cask Strength‹, 12-jährig,

57,2 Vol.-Prozent Alkohol
Farbe: gelbgolden
Duft: Sherry, Karamel, Äpfel
Mundgefühl/Konsistenz:
mittelschwer, weich
Geschmack: Honig, Kakao, Früchte,
malzig-süß
Abgang: lang, fruchtig

Glenfarclas
21-jährig,
43 Vol.-Prozent Alkohol
Farbe: Amontillado Sherry
Duft: Sherry, Butter, Holz, etwas Rauch
Mundgefühl/Konsistenz:
mittelschwer bis schwer, kräftig
Geschmack: Sherry, süße Vanille, fruchtig,
würzig, leicht rauchig
Abgang: lang, süß

Arran
8-jährig,
43 Vol.-Prozent Alkohol
Farbe: reifes Getreide
Duft: floral, salzig, Seetang

Mundgefühl/Konsistenz:
leicht, cremig
Geschmack: Malz, cremig,
nussig, leicht salzig
Abgang: mittellang, etwas trocken

Knockando
12-jährig, destilliert 1989,
40 Vol.-Prozent Alkohol
Farbe: blassgolden
Duft: Zitronengras, junges Holz,
Honig
Mundgefühl/Konsistenz:
mittelschwer, leicht ölig
Geschmack: Bitterschokolade, salzig,
malzig-süß
Abgang: mittellang, trocken

Weitere Abfüllungen

Glen Grant

Glen Grant, ohne Altersangabe,
40 Vol.-Prozent Alkohol

Glen Grant, 5-jährig,
40 Vol.-Prozent Alkohol

Bruichladdich

Bruichladdich, 15-jährig,
40 Vol.-Prozent Alkohol

Bruichladdich, 17-jährig,
40 Vol.-Prozent Alkohol

Bruichladdich, 20-jährig,
40 Vol.-Prozent Alkohol

Auchentoshan

Auchentoshan, ›Three Wood‹,
ohne Altersangabe, 43 Vol.-Prozent Alkohol
— Eine Lagerung in Portwein-, Sherry- und Bourbonfässern führt zu einem intensiven Aroma von europäischem Eichenholz.

Auchentoshan, 21-jährig,
43 Vol.-Prozent Alkohol

Aberlour

Aberlour, ›a'bunadh‹, Cask Strength,
ohne Altersangabe, 60 Vol.-Prozent Alkohol
— Für den ›a'bunadh‹ (dt. das Original) werden 10- bis 15-jährige Lagerungen in Fassstärke vermählt; auf Kühlfiltration wird verzichtet.

Aberlour, Sherry Cask, 12-jährig,
40 Vol.-Prozent Alkohol
— Abfüllung für den französischen Markt

Aberlour, Sherry Wood Finish,
15-jährig, 40 Vol.-Prozent Alkohol

Bowmore

Bowmore, ›Darkest‹, ohne Altersangabe,
43 Vol.-Prozent Alkohol
— Für den Bowmore Darkest werden nur die Fässer mit dem dunkelsten Whisky verwendet; die Lagerung beträgt gewöhnlich 14 Jahre.

Bowmore, 12-jährig,
40 Vol.-Prozent Alkohol

Bowmore, ›Mariner‹, 15-jährig,
43 Vol.-Prozent Alkohol
— Ein rauchiger, intensiver und kräftiger Whisky nach altem Islay Stil.

Glenmorangie

Glenmorangie, Port Wood Finish,
ohne Altersangabe, 43 Vol.-Prozent Alkohol
— Lagerung in der Regel 12 Jahre in Bourbonfässern, anschließend 2 weitere Jahre in Portfässern; ähnliches Verfahren beim Madeira, Sherry und Burgunder Wood Finish.

Glenmorangie, 15-jährig,
43 Vol.-Prozent Alkohol

Glenmorangie, 18-jährig,
43 Vol.-Prozent Alkohol

Edradour
Edradour, Unchillfiltered,
destilliert 1992, 48 Vol.-Prozent Alkohol

Edradour, ›Straight from the Cask‹, 11-jährig,
destilliert 1991, 60 Vol.-Prozent Alkohol
— Für diese Abfüllung wird der Whisky ausschließlich in First Fill Sherryfässern gelagert.

Edradour, Natural Cask Strength, destilliert
1989, abgefüllt 2004, 58 Vol.-Prozent Alkohol

Springbank
Springbank, 10-jährig,
46 Vol.-Prozent Alkohol

Springbank, 12-jährig,
48 Vol.-Prozent Alkohol

Springbank, Rum Wood, 12-jährig,
destilliert 1989, 54,6 Vol.-Prozent Alkohol

Springbank, Port Cask, 13-jährig,
54,2 Vol.-Prozent Alkohol

Springbank, Limited Edition, 25-jährig,
46 Vol.-Prozent Alkohol

Glenfiddich
Glenfiddich, ›Special Reserve‹,
12-jährig, 40 Vol.-Prozent Alkohol

Glenfiddich, ›Caoran Reserve‹, 12-jährig,
40 Vol.-Prozent Alkohol
— Dieser torfige Whisky von Glenfiddich
erhält seinen Charakter durch den Einfluss
des Holzes von Fässern, in denen zuvor Islay
Malt lagerte.

Glenfiddich, ›Havana Reserve‹, 21-jährig,
40 Vol.-Prozent Alkohol
— Nach 21-jähriger Fassreife verleiht
diesem Whisky eine zusätzliche Lagerung
in Rumfässern ein exotisches finish.

Cragganmore
Cragganmore, Distillers Edition,
Port Wood Finish, ohne Altersangabe,
destilliert 1990, 40 Vol.-Prozent Alkohol

Cragganmore, Double Matured,
ohne Altersangabe, destilliert 1984,
40 Vol.-Prozent Alkohol

Cragganmore, Special Edition, 29-jährig,
destilliert 1973, 52,5 Vol.-Prozent Alkohol

Talisker
Talisker, Destillers Edition, Sherry Wood
Finish, ohne Altersangabe, destilliert 1990,
45,8 Vol.-Prozent Alkohol
— Nachreifung in Amoroso-Sherryfässern

Talisker, 18-jährig,
45,8 Vol.-Prozent Alkohol

Talisker, Cask Strength, 20-jährig,
62 Vol.-Prozent Alkohol

Talisker, Limited Edition, Cask Strength,
25-jährig, destilliert 1979,
57,8 Vol.-Prozent Alkohol

Laphroaig
Laphroaig, Limited Edition, 11-jährig,

abgefüllt 2004, 40 Vol.-Prozent Alkohol
— Von diesem Whisky wurden 750 Flaschen anlässlich des 10-jährigen Bestehens der Friends of Laphroaig exklusiv für deren Mitglieder abgefüllt.

Laphroaig, 15-jährig,
43 Vol.-Prozent Alkohol

Laphroaig, Single Cask, 17-jährig,
abgefüllt 2004, 50 Vol.-Prozent Alkohol
— Dieser Whisky wurde anlässlich des Islay Festivals 2004 abgefüllt. Die für die Laphroaig ungewöhnliche Nachreifung in einem Sherryfass macht ihn zu einem besonderen Single Malt.

Highland Park
Highland Park, 15-jährig,
40 Vol.-Prozent Alkohol

Highland Park, 18-jährig,
43 Vol.-Prozent Alkohol

Highland Park, 25-jährig,
50,7 Vol.-Prozent Alkohol

Isle of Jura
Isle of Jura, ›Superstition‹,
ohne Altersangabe, 45 Vol.-Prozent Alkohol
Vermählung von rauchigem und nicht rauchigem Jura Malt

Isle of Jura, „Legacy", 10-jährig,
40 Vol.-Prozent Alkohol
Wegen seines höheren Sherryfassanteils ist dieser Whisky weicher als die 10-jährige Standardabfüllung.

Isle of Jura, 16-jährig,
40 Vol.-Prozent Alkohol

Isle of Jura, 21-jährig,
40 Vol.-Prozent Alkohol

Old Pulteney
Old Pulteney, Cask Strength, 15-jährig,
60,3 Vol.-Prozent Alkohol

Old Pulteney, Highland Selection Limited Edition, 26-jährig, destilliert 1974,
46 Vol.-Prozent Alkohol

Macallan
Macallan, 10-jährig,
40 Vol.-Prozent Alkohol

Macallan, Fine Oak, 12-jährig,
40 Vol.-Prozent Alkohol

Macallan, 15-jährig,
43 Vol.-Prozent Alkohol

Macallan, 18-jährig,
43 Vol.-Prozent Alkohol

Macallan, The Decade Series,
40 Vol.-Prozent Alkohol,
Twenties, Thierties, Forties, Fifties
— Reproduktion der Whiskys von Macallan im Stile vergangener Jahrzehnte; aktuelle Fässer werden so vermählt, dass sie wie der damalige Whisky schmecken.

Ardbeg
Ardbeg, ›Very Young‹,
ohne Altersangabe,
58,8 Vol.-Prozent Alkohol
— Ein sehr intensiver, etwa
7 Jahre alter Ardbeg

Ardbeg, 10-jährig,
46 Vol.-Prozent Alkohol

Ardbeg, 17-jährig,
40 Vol.-Prozent Alkohol

Ardbeg, ›Lord of the Isles‹, 25-jährig,
46 Vol.-Prozent Alkohol
— Nach den Herrschern der Insel benannt, die einst die Wikinger bekämpften und vertrieben.

Dalmore
Dalmore, ›Black Isle‹, 12-jährig,
43 Vol.-Prozent Alkohol

Dalmore, ›Cigar Malt‹, ohne Altersangabe,
40 Vol.-Prozent Alkohol
— Der ›Cigar Malt‹ wurde speziell zur Begleitung einer feinwürzigen Zigarre kreiert; er wird aus 10- bis 20-jährigen Lagerungen vermählt.

Dalmore, 21-jährig,
43 Vol.-Prozent Alkohol

The Glenlivet
The Glenlivet, 12-jährig,
40 Vol.-Prozent Alkohol

The Glenlivet, 15-jährig,
43 Vol.-Prozent Alkohol

The Glenlivet, ›Archive‹, 21-jährig,
43 Vol.-Prozent Alkohol

Lagavulin
Lagavulin, Distillers Edition, Sherry Wood Finish, ohne Altersangabe, destilliert 1987,
43 Vol.-Prozent Alkohol
— Die Nachreifung in spanischen Pedro Ximenez Sherryfässern erhöht die Komplexität des Whiskys.

Lagavulin, Cask Strength,
12-jährig, 58 Vol.-Prozent Alkohol

Lagavulin, 25-jährig,
43 Vol.-Prozent Alkohol

Balvenie
Balvenie, 1989, Port Wood, ohne Altersangabe, 40 Vol.-Prozent Alkohol
— Die Nachreifung in einem Portfass verstärkt die typische Honignote.

Balvenie, 10-jährig,
40 Vol.-Prozent Alkohol

Balvenie, Port Wood, 21-jährig,
40 Vol.-Prozent Alkohol

Balvenie, 25-jährig,
46,9 Vol.-Prozent Alkohol

Glengoyne
Glengoyne, 10-jährig,
40 Vol.-Prozent Alkohol

Glengoyne, 17-jährig,
43 Vol.-Prozent Alkohol

Glengoyne, 21-jährig,
43 Vol.-Prozent Alkohol

Glengoyne, Single Cask, 31-jährig,
destilliert 1972, abgefüllt 2003,
56 Vol.-Prozent Alkohol
— In regelmäßigen Abständen bringt Glengoyne streng limitierte Abfüllungen auf den

Markt; aktuell erhältlich sind 510 Flaschen eines Single Malt, der seine 31-jährige Reifung in einem Sherryfass verbracht hat.

Glenfarclas

Glenfarclas, 105, ohne Altersangabe,
60 Vol.-Prozent Alkohol
Zwischen 8 und 10 Jahren alt

Glenfarclas, 10-jährig,
40 Vol.-Prozent Alkohol

Glenfarclas, 12-jährig,
43 Vol.-Prozent Alkohol

Glenfarclas, 15-jährig,
46,9 Vol.-Prozent Alkohol

Arran

Arran, Vintage Sherryfass, ohne Altersangabe,
61,1 Vol.-Prozent Alkohol

Arran, Vintage Calvados Finish,
ohne Altersangabe, 59 Vol.-Prozent Alkohol

Arran, Vintage Cognac Finish,
ohne Altersangabe, 58,3 Vol.-Prozent Alkohol

Knockando

Knockando, ›Slow Matured‹, 18-jährig,
destilliert 1986, 43 Vol.-Prozent Alkohol

Knockando, ›Master Reserve‹, 21-jährig,
destilliert 1981, 43 Vol.-Prozent Alkohol

Unabhängige Abfüller

Cadenhead

William Cadenhead gründete 1842 in Aberdeen den ältesten Abfüllbetrieb Schottlands. Damals wie heute handelte man nicht nur mit Whisky, sondern ebenso erfolgreich mit Wein und Cognac aus Frankreich und Rum aus der Karibik. Seit den Sechziger Jahren des 20. Jahrhunderts gehört Cadenhead zu J & A Mitchell & Co. Ltd., dem gleichen Unternehmen, das auch die Springbank Destillerie besitzt. Beide nutzen eine gemeinsame Abfülllinie in Campbeltown. Cadenhead hat sich im Laufe der Zeit auf Single Cask Bottlings mit außergewöhnlicher Qualität spezialisiert. Da die Anzahl entsprechender Fässer am Markt stark begrenzt ist, sind die Auflagen teilweise extrem gering. Darüber hinaus hat Cadenhead zeitweise Abfüllungen von Destillerien im Angebot, die sonst ausschließlich für Blended Whiskys produzieren. Cadenhead erkannte früh die Nachfrage nach ungefiltertem Single Malt Whisky und verzichtete bei ihren Abfüllungen als erste auf die bis dahin übliche Kühlfiltration.

Douglas Laing

Das Unternehmen handelt seit 1949 mit Whisky. Bemerkenswert sind die recht kontrastreichen Abfüllungen von Single Malts jeweils einzelner Brennereien. Unter dem Namen The McGibbon's Provenance werden ungefilterte und ungefärbte Whiskys unter Angabe des Brenn- und Abfüllmonats verkauft.

Duncan Taylor

Das Kerngeschäft von Duncan Taylor & Co. Ltd. bestand lange Zeit im Handel mit ganzen

Whiskyfässern aus der schottischen Whiskyproduktion. So häufte sich im Laufe der Jahre ein ansehnlicher Bestand in den Lagern des Unternehmens an. Beim kürzlichen Umzug der Firma von Glasgow nach Huntly bei Aberdeen stellte man fest, dass einige im Besitz befindliche Fässer auf die Sechziger Jahre des vergangenen Jahrhunderts zurückgehen. Seit 2002 bietet Duncan Taylor diese Schätze in Editionen wie der Peerless Collection (Cask Strength Bottlings) und der Whisky Galore an. Die Abfüllungen sind weder kühlgefiltert noch nachgefärbt.

Gordon & MacPhail

1895 eröffneten James Gordon und John A. MacPhail in der South Street in Elgin eine Lebensmittelhandlung. Den Schwerpunkt des Unternehmens bildete sehr bald das Blenden und Abfüllen von Whiskys unter eigenem Label. Seit 1914 exportiert man Whisky auch nach Übersee. Mit dem Kauf und der Wiedereröffnung der Benromach Destillerie 1998 zählt das Unternehmen mittlerweile selbst zu den stolzen Besitzern einer eigenen Brennerei. Gordon & MacPhail erwerben ihren Whisky hauptsächlich von Destillerien aus den Highlands und der Speyside. In selbst gewählten Fässern reift der Whisky in betriebseigenen Lagerhäusern nahe der Nordseeküste. Aus diesen Gründen unterscheiden sich die Abfüllungen von Gordon & MacPhail von Erzeugerabfüllungen bisweilen erheblich. Auf den Flaschen ist üblicherweise das Datum der Destillation angegeben. Unter der Bezeichnung Connoisseur's Choice vertreiben Gordon & MacPhail Vintage Malts verschiedener Destillerien.

Ian Macleod

Ian Macleod Distillers Ltd. wurde in den Dreißiger Jahren des vergangenen Jahrhunderts von Leonard J. Russell als reines Handelsunternehmen mit Spirituosen gegründet. 2003 erwarb man die in der Nähe von Glasgow gelegene Glengoyne Destillerie. Die Vorräte des Unternehmens an Whiskyfässern schottischer Brennereien sind immens und erlauben immer wieder die Ausgabe von Abfüllungen gesuchter Jahrgänge und Destillerien. Ian Macleod ist außerdem bekannt für die Abrundung seiner Whiskys mit besonderen wood finishes. Zum Angebot von Ian Macleod gehört nicht zuletzt die bekannte Chieftain's Edition.

Murray McDavid

Murray McDavid Ltd. ist ein recht junges Unternehmen mit einem ambitionierten Ziel. Seit 1996 versucht man mit den eigenen Abfüllungen den wahren, unverfälschten Charakter der Whiskys der einzelnen Destillerien einzufangen. Hierzu gehört ein strikter Verzicht auf die Kühlfiltration ebenso wie der auf Zusatz von Farbe. Standardabfüllungen werden einer eigenen Überzeugung zufolge immer auf einen Alkoholgehalt von 46 Vol.-Prozent verdünnt. Unter der Bezeichnung ›The Mission‹ werden schwer erhältliche Single Malt Whiskys angeboten. Pate dieser Edition ist übrigens Jim McEwan. Im Jahre 2000 übernahm Murray McDavid die Bruichladdich Destillery auf Islay.

Signatory

Signatory Vintage Scotch Whisky Co. Ltd. zählt zu den jungen Unternehmen in der schottischen Whiskyindustrie. Seit 1988 handelt Firmengründer Andrew Symington unterstützt von einer eigenen Abfülllinie mit Single Malt Whisky. Mit der erstmaligen Abfüllung von Single Cask Bottlings in Fassstärke schuf er einen neuen Trend. Auf den Flaschen von Signatory informiert das Etikett den Käufer über Destillations- und Abfülldatum, Flaschennummer, Gesamtflaschenanzahl, Alkoholgehalt und Fasstyp. Häufig verzichtet man auf Filtration und künstlicher Farbgebung mit Zuckerkulör.

Adressen

Destillerien und Fachhandel

Destillerien

Aberlour
Aberlour, Banffshire, AB3 9PJ
Tel: +44 (0) 1340-881249
www.aberlour.co.uk

Ardbeg
Port Ellen, Islay, Argyll, PA42 7EA
Tel: +44 (0) 1496-302244
www.ardbeg.com

Arran
Lochranza, Isle of Arran, Argyll, KA27 8HJ
Tel: +44 (0) 1770-830264
www.arranwhisky.com

Auchentoshan
Dalmuir, Clydebank, Dunbartonshire, G81 4SJ
Tel: +44 (0) 1389-878561
www.auchentoshan.com

Balvenie
Dufftown, Banffshire, AB55 4BB
Tel: +44 (0) 1340-820373
www.thebalvenie.com

Bowmore
Bowmore, Islay, Argyll, PA34 7JS
Tel: +44 (0) 1496-810441
www.bowmore.com

Bruichladdich, Islay, Argyll, PA49 7UN
Tel: +44 (0) 1496-850221
www.bruichladdich.com

Cragganmore
Ballindalloch, Banffshire, AB37 9AB
Tel: +44 (0) 1479-8747000

Dalmore
Alness, Morayshire, IV17 0UT
Tel: +44 (0) 1349-882362
www.dalmoredistillery.co.uk

Edradour
Pitlochry, Perthshire, PH16 5JP
Tel: +44 (0) 1796-472095
www.edradour.co.uk

Glenfarclas
Ballindalloch, Banffshire, AB37 9BD
Tel: +44 (0) 1807-500257
www.glenfarclas.co.uk

Glenfiddich
Dufftown, Banffshire, AB55 4DH
Tel: +44 (0) 1340-820373
www.glenfiddich.com

Glengoyne
Dumgoyne, Stirlingshire, G63 9LV
Tel: +44 (0) 1360-550254
www.glengoyne.com

Glen Grant
Rothes, Morayshire, AB38 7BS
Tel: +44 (0) 1340-832118

The Glenlivet
Ballindalloch, Banffshire, AB37 9DB
Tel: +44 (0) 1340-821720
www.theglenlivet.com

Glenmorangie
Tain, Ross-shire, IV19 1PZ
Tel: +44 (0) 1862-892477
www.glenmorangie.com

Highland Park
Kirkwall, Orkney, KW15 1SU
Tel: +44 (0) 1856-874619
www.highlandpark.co.uk

Isle of Jura
Craeghouse, Jura, Argyll, PA60 7XT
Tel: +44 (0) 1496-820240
www.isleofjura.com

Knockando
Knockando, Aberlour, Banffshire, AB38 7RT
Tel: +44 (0) 1340-882000

Lagavulin
Port Ellen, Islay, Argyll, PA42 7DZ
Tel: +44 (0) 1496-302730

Laphroaig
Port Ellen, Islay, Argyll, PA42 7DU
Tel: +44 (0) 1496-302418
www.laphroaig.com

Macallan
Aberlour, Banffshire, AB38 9RX
Tel: +44 (0) 1340-872280
www.themacallan.com

Old Pulteney
Huddart Street, Wick, Caithness, KW1 5BD
Tel: +44 (0) 1955-602371
www.oldpulteney.com

Springbank
Well, Close, Campbeltown, Argyll, PA28 6ET
Tel: +44 (0) 1586-552085
www.springbankdistillers.com/

Talisker
Carbost, Isle of Skye, IV47 8SR
Tel: +44 (0) 1478-614308

Fachhandel

PLZ 0

Weinkontor
Altmarkt Galerie
Webergasse 1
01067 Dresden
Tel: 0351-4 81 29 22
Fax: 0351-4 81 29 23

Spirituosen-Versand
Sebastian Lindner
Hüttenstraße 31
01979 Lauchhammer
Tel: 03574-46 57 19
Fax: 03574-46 57 20

Getränke Schenker
Spremberger Straße 15
01968 Senftenberg
Tel: 03573-7 07 20
Fax: 03573-70 72 16

Weinkontor
Speck´s Hof
Reichsstraße 2-4
04109 Leipzig
Tel: 0341-2 11 74 21

Gourmetage
Mädler-Passage
Grimmaische Straße 2-4
04109 Leipzig
www.gourmetage.de
Tel: 0341-9 61 10 90
Fax: 0341-4 62 56 86

Gourmetage
Stadtgallerie
Große Ulrichstraße/
Große Steinstraße
06108 Halle
www.gourmetage.de
Tel: 0345-9 77 22 34
Fax: 0345-9 77 22 35

Weinkontor
Leipziger Straße 4
06108 Halle
www.weinkontorshop.de
Tel: 0345-2 00 24 23
Fax: 0345-2 00 24 23

Whisky und Geschenkideen
Haupstraße 64
08656 Zwickau
www.whiskymarkt.com
Tel: 0375-6 06 76 50
Fax: 0375-6 90 12 10

PLZ 1

Wein & Whisky
Eisenacher Straße 64
10823 Berlin
www.world-wide-whisky.de
Tel: 030-7 84 50 10
Fax: 030-7 84 22 00

The Whisky Warehouse
Inh. Bernd Probst
Kinzerallee 24
12555 Berlin-Köpenick
www.whiskywarehouse.de
Tel: 030-65 26 13 90

Wein & Spirituosen
Center Tegel
Brunowstraße 17
13507 Berlin
www.berlinerweinwelt.de
Tel: 030-4 33 90 04
Fax: 030-4 34 60 80

Whisky-Doris
Germanenstraße 38
14612 Falkensee
www.whisky-doris.de
Tel: 03322-21 97 84
Fax: 01212-15 22 37 58 70

Stralsunder Whiskyhaus
Wasserstraße 25
18439 Stralsund
www.stralsunder
whiskyhaus.de
Tel: 03831-28 92 80

PLZ 2

Sigvald Hansen
Spirituosen Groß-
und Einzelhandel
Kastanienallee 28
20359 Hamburg
www.sigvald-hansen.de
Tel: 040-31 41 74
Fax: 040- 3 19 49 96

Art of Whisky
Dorfstraße 22a
21640 Neuenkirchen
www.artofwhisky.de
Tel: 04163-82 65 52

Weinquelle Lühmann
Lübeckerstraße 145
22087 Hamburg
Tel: 040-25 63 91
Fax: 040-2 51 25 76
www.weinquelle.com

Whisky Depot
Inh. Holger Koschitzki
Poppenbüttler Landstraße 1
22391 Hamburg
www.whiskydepot.com
Tel: 040-6 02 52 34
Fax: 040-6 02 52 34

Malts and More
Hosegstieg 11
22880 Wedel
www.maltsandmore.de
Tel: 040-23 62 07 70
Fax: 040-23 62 07 71

Martin's - Weindepot
Martin Sauer
Holtenauer Straße 126
24105 Kiel
www.martins-weindepot.de
Tel: 0431-8 57 76
Fax: 0431-8 57 60

WhiskyAuction.com
Holsteinerstraße 18-20
24768 Rendsburg
www.whiskyauction.com
Tel: 04331-5 65 64
Fax: 04331-14 53 91

Flickenschild Ernst
Inh. Manfred Kröger
Berliner Plaz 2a
25524 Itzenhoe
Tel: 04821-26 76
Fax: 04821-39 79

Whisky 24.net
Osterende 131-133
25813 Husum
www.whisky24.net
Tel: 04841-7 18 42
Fax: 04841-77 06 66

Scoma
Scotch Malt Whisky GmbH
Am Bullhamm 17
26441 Jever
www.scoma.de
Tel: 044161-91 22 37
Fax: 04461-91 22 39

Malt Whisky – Online Guide
Günther Dehne
Nee Streek 7
26607 Aurich
www.gdehne.de

Wein und Whisky
G. Michaelis
Beethovenweg 7
27404 Zeven
www.weinundwhisky.de
Tel: 04281-25 19
Fax: 04281-84 75

PLZ 3

Handelskontor Przybylla &
Schröder GbR
Schnakenberg 15-19
31608 Marklohe
www.nurvomfeinsten.com
Tel: 05021-88 81 50

House of Whisky
Ackerbeeke 6
31683 Obernkirchen
www.houseofwhisky.de
Tel: 05722-39 94 20
Fax: 05722-39 94 19

Maxi Schuster
Cigarren, Lebens-art & cie
Brüderstraße 5
32105 Bad Salzuflen
www.maxi-schuster.de
Tel: 05222-36 87 70
Fax: 05222-36 87 72

WHISKY Room
Groß- und Einzelhandel
Osnabrücker Land-
straße 265a
33335 Gütersloh

www.whisky-room.de
Tel: 05241-9 67 10
Fax: 05241-96 71 15

Harry´s Shop
Max-Halbe-Straße 7
38239 Salzgitter-Thiede
www.maltharry.de
Tel: 05341-29 24 05
Fax: 05341-26 88 30

PLZ 4

Weinhaus H. Hilgering KG
Westenhellweg 114
44137 Dortmund
www.weinhaus-hilgering.de
Tel: 0231-14 90 27
Fax: 0231-14 35 49

Stendel GmbH
Kreuzstraße 8
44139 Dortmund
www.stendel-gmbh.de
Tel: 0231-12 24 23
Fax: 0231-12 10 38

Banneke Weine und
Spirituosen aus aller Welt
Werner Faber GmbH
Kreuzkirchstraße 37
45127 Essen
www.banneke.de
Tel: 0201-2 47 71-0
Fax: 0201-2 47 71-20

Rolf Kaspar GmbH
Ruhrallee 59
45138 Essen
www.kaspar-spirituosen.de
Tel: 0201-27 34 18
Fax: 0201-28 52 75

Destillerie & Brennerei
Heinrich Habbel
Gevelsberger Straße 127
45549 Sprockhövel
www.brennerei-habbel.de
Tel: 02339-91 43-0
Fax: 02339-91 43-35

Bührmann Weine GmbH
Franz-Haniel-Straße 76
47443 Moers
www.buermann.de
Tel: 02841-8 83 03-0
Fax: 02841-8 83 03-33

Jakob Goertsches
Destillerie+Weinhandlung
Vorsterstraße 22
47906 Kempen
www.interspirits.de
Tel: 02152-36 70
Fax: 02152-36 50

A. Barlage
Käse & Wein
Mühlenstraße 31
49661 Cloppenburg
Tel: 04471-8 24 16
Fax: 04471-81418

HENRIQUEZ SELECTION
Tim Tünnermann
Am Grütherhof 9
47647 Kerken
www.henriquez-selection.com
Tel: 02833-57 22-58
Fax: 02833-57 22-59

Whisky-Fox
Christian Focks
Westendorfer Straße 4
49832 Freren
www.whisky-fox.de

Tel: 05902-57 76
Fax: 05902-9 49 39 10

PLZ 5

Cadenhead's Whisky Market
Müller & Nacke Whisky-
handels GmbH
Luxemburger Straße 257
50939 Köln
www.cadenheads.de
Tel: 0221-2831834
Fax: 0221-2831835

LIQUIDS FutureWeb
Internet GmbH
Heerstraße 350
50169 Kerpen-Brüggen
www.liquids-and-more.de
Tel: 02237-97 54 91
Fax: 02237-97 54 92

Whisky-Land
Inh. Sascha Schnitzler
Starenweg 42
52146 Würselen

www.whisky-land.de
Tel: 02405-48 28 74
Fax: 02405-482 8 75

Feinkost Reifferscheid
Mainzer Straße 186
53179 Bonn-Mehlem
www.whisky-bonn.de
Tel: 0228-9 53 80-70
Fax: 0228-9 53 80-71

Restaurant & Whisky-
Museum auf der Kyrburg
Inh. Horst Kroll
Auf der Kyrburg 1
55606 Kirn
www.kyrburg.de
Tel: 06752-91 19-0
Fax: 06752-91 19-11

Westwood Whisky
Paul Becher &
Olaf Manns GbR
Talweg 2
56410 Montabaur-Horressen
www.westwood-whisky.de

Tel: 02602-95 04-15
Fax: 02602-95 04-16

Der Whiskykeller
Inh. Andreas Hailer
Wörther Weg 26
55606 Kirn
www.whiskykeller.de

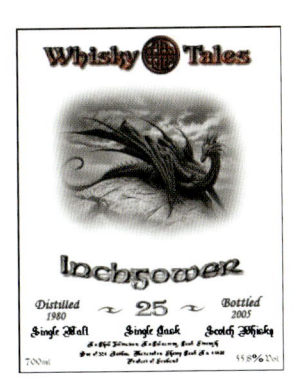

Tel: 06752-9 45 97
Fax: 06752-9 45 90

PLZ 6

Whisky Spirits
Wallstraße 23
60594 Frankfurt
www.whiskyspirits.de
Tel: 069-96 20 06-43
Fax: 069-96 20 06-44

Finlays Whiskyshop
Andreas Hamann
Köppener Straße 109
61273 Wehrheim
www.finlayswhiskyshop.de
Tel: 06081-58 67 15

Grand Whisky
Saint-Priest-Straße 14a
63165 Mühlheim
www.grandwhisky.de
Tel: 06108-8 24 09 87
Fax: 06108-99 04 48

Uwe P. Hartmann
Whisky-Antiquitäten-Uhren
Erzbergerstraße 4
63533 Mainhausen
www.u-p-hartmann.de

Dudelsack
Whiskyfachgeschäft
Treibgasse 6
63739 Aschaffenburg
www.whiskymax.com
Tel: 06021-21 96 54

Getränkewelt Weiser
Darmstädter Straße 97
64646 Heppenheim
www.getraenkewelt-weiser.de
Tel: 06252-93 19-0
Fax: 06252-93 19-13

www.whiskywizard.de
Fa. Christian Jaudt
Schulstraße 57
66540 Neunkirchen
www.whiskywizard.de
Tel: 06858-69 95 07
Fax: 06858-69 95 08

PLZ 7

Tabacum
Siegfried Schäuble
Schwabstraße 120
70193 Stuttgart
www.tabacum.de
Tel: 0711-8 56 07-50
Fax: 0711-8 56 07-55

Dixon & Sontheim GbR
St.-Pöltener-Straße 71
70469 Stuttgart
www.bestwhisky.de
Tel: 0711-8 56 07 50
Fax: 0711-8 56 07 55

Spirituosen World
Rainer Hehl
Mühlweg 25/1
71711 Murr
www.spirituosenworld.de
Tel: 07144-20 85 95
Fax: 07144-8 84 19 69

Mebold Wein + Getränke-
handels GmbH
Kientenstrasse 14
72458 Albstadt-Ebingen
www.mebold.de
Tel: 07431-93 73-0
Fax: 07431-93 73-23

Weinhaus Schall
Jettenburger Straße 2
72770 Reutlingen
www.weinhaus-schall.de
Tel: 07121-95 07-0
Fax: 07121-95 07-20

Vogel's Tabakstube
Geislinger Straße 20
73033 Göppingen
www.vogels-tabakstube.de
Tel: 07161-7 25 55
Fax: 07161-7 46 94

Tabak-Sasse e.K.
Inh. Annemarie Sassa
Sülmerstraße 26
74072 Heilbronn
www.tabaksasse.de
Tel: 07131-8 41 01
Fax: 07131-16 53 11

Destillerie Kammer-
Kirsch GmbH
Hardtstraße 37
76185 Karlsruhe
www.kammer-kirsch.de
Tel: 0721-95 55 10
Fax: 0721-55 06 88

Die Tabakecke
Jens Heiler
Schönbornstraße 9
76698 Ubstadt-Weiher
www.tabakecke.de
Tel: 07253-64 66
Fax: 07253-95 31 60

whisky-star
Inh. Jörg Heckmann
Wissereckstraße 8
79286 Glottertal
www.whisky-star.de

Tel: 07684-6 62
Fax: 069-1 33 05 70 49 78

PLZ 8

Whisk(e)y Shop tara
Rindermarkt 16
80331 München
www.whiskyversand.de
Tel: 089-26 51 18
Fax: 089-26 02 40 97

ALRA-Handels GmbH
Hauptstraße 12
84576 Teilsing
www.worldwidespirits.de
Tel: 08633-50 87 63
Fax: 08633-50 88 59

Whisky Collection
Weinzentrum
Landhuter Allee 61
80637 München
www.weinimport-korn.de
Tel: 089-16 08 63
Fax: 089-16 06 18

The Whisky Store
Inh. Theresia Lüning
Am Grundwassersee 4

82402 Seeshaupt
www.whiskystore.de
Tel: 08801-23 17
Fax: 08801-26 37

No 7 – Tabakwaren,
Herrengeschenke
Herbert Mayer KG
Steingasse 7
86150 Augsburg
www.no7.de
Tel: 0821-51 78 78
Fax: 0821-51 69 67

Granvogls Whiskyshop
Gerhard Granvogl
Stadtplatz 17
86551 Aichbach
www.granvogls-whisyshop.de
Tel: 08251-25 80
Fax: 08251-8 29 98

Lammers & Lammers OHG
Maximilianstraße 15
88131 Lindau/Bodensee
www.whiskysociety.com
Tel: 08382-9 33 70
Fax: 08382-9 33 74

Weinhaus Gradwohl
Hörzhausener Straße 1
86529 Schrobenhausen
Tel: 08252-15 13
Fax: 08252-8 33 96

PLZ 9

Celtic Whisk(e)y & Versand
Otto Steudel
Bulmannstraße 26
90459 Nürnberg
www.whisky.de
Tel: 0911-45 09 74-30
Fax: 0911-45 09 74-10

Gradl's Whiskyfässla
Michael Gradl
Oelserstraße 7a
90475 Nürnberg
www.whiskyfässla.de
Tel: 0911-83 70-300
Fax: 0911-83 70-400

The Whisky Corner
Dipl. Betriebsw.(FH)
Paul Sebastian
Reichertsfeld 2
92278 Illschwang
www.whisky-corner.de
Tel: 09666-95 12 13
Fax: 09666-95 12 14

Spirituosen-Superbillig.de
GmbH & Co KG
Roger Taiber
Kirchweg 101
93080 Pentling
www.spirituosen-
grosshandel.de
Tel: 070000-94 47 59
Fax: 09405-94 05 70

whiskyworld.de
Ziegelfeld 6
94481 Grafenau
www.whiskyworld.de
Tel: 08555-40 63 20
Fax: 08555-40 63 19

Celtic Art
Heidi Schramm
Karolinenstraße 18
95028 Hof
www.celtic-art-whisky.de
Tel: 09281-10 00
Fax: 09281-10 99

Weinfachhandlung &
Confiserie ›Längwitz‹
Inh. Olaf Gießler
Längwitzerstraße 4
99310 Arnstadt
Tel: 03628-60 22 94
Fax: 03628-60 40 78

Finest Spirits
Frank-Michael Böer
Aventinstraße 2
80469 München
www.finest-spirits.com
Tel: 089-21 03 14-72
Fax: 089-21 03 14-73

Glossar

Abfüllung (engl. bottling)
Nach der *Reifung* in Eichenfässern wird der Whisky in Flaschen abgefüllt. Bis auf wenige Ausnahmen findet dieser Vorgang in zentralen Abfüllbetrieben in den Großstädten statt.

Abtrennung
Die Abtrennung ist der wichtigste Prozess bei der *Destillation*. Das Destillat wird in drei Läufe aufgeteilt – den *foreshot*, den *middle cut* und die *feints*. Für den Rohwhisky wird nur der *middle cut* verwendet. *Foreshot* und *feints* werden zur erneuten Destillation in die Brennblasen zurückgeführt. Die richtige Wahl des Zeitpunktes für Beginn und Ende des *middle cut* entscheidet wesentlich über die Qualität des späteren Whiskys. Gelegentlich werden die Läufe auch als *head, heart of the run* und *tail* bezeichnet.

Age (Alter)
Das Alter eines Whiskys beschreibt die Dauer seiner Reifezeit im Fass. Beim Verschneiden von Whisky unterschiedlichen Alters ist der jüngste maßgeblich für die auf der Flasche abgedruckte Altersangabe. 1909 wurde in Schottland eine Mindestreifezeit von drei Jahren festgelegt, ehe ein Destillat als Whisky verkauft werden darf.

Amylase
Der Gerstenkeim sondert bei entsprechenden Temperatur- und Feuchtigkeitsbedingungen eine als Amylase bezeichnete Enzymgruppe ab. Dieses Ferment wandelt die in der Gerste enthaltene Stärke in eine lösliche Form um, aus der später der Malzzucker entsteht.

Angels Share (Anteil der Engel)
Als *angels share* wird der Verlust des Destillats bezeichnet, der im Laufe der Jahre während der Fassreifung durch die Poren des Holzes entweicht. Jedes Jahr verdunstet auf diese Weise zwischen 1,5 und 2 Prozent der Flüssigkeit.

Aqua vitae
Lateinisch für *Wasser des Lebens*.

Blended Whisky
Ein *Blend* ist ein Verschnitt verschiedener Whiskys. Als Grundlage für einen *Blend* wird meist ein Grain-Whisky verwendet, weiterhin werden oftmals bis zu 50 verschiedene Malt Whiskys hinzugemischt, um den gewünschten Geschmack zu erreichen. Nach dem Mischen der Whiskys wird der *Blend* in der Regel nochmals einige Zeit in einem Fass gelagert, damit sich die einzelnen Whiskys verbinden können. Einer der bekanntesten Vertreter von *Blended Whiskys* ist Johnnie Walker.

Blending
Unter dem *Blending* wird ganz allgemein das Verschneiden von Whiskys verschiedener Destillerien verstanden. Der *Blendmaster* ist die wichtigste Person bei der Herstellung von *Blended Whisky*.

Brauwasser
Der bedeutendste Rohstoff bei der Whiskyherstellung ist das *Brauwasser*. Es ist maßgeblich bei der Bildung der aromatischen Eigenschaften eines Whiskys beteiligt. Ähnlich wie beim Bier wird weichem, mineralstoffarmem Wasser oftmals der

Vorzug gegeben. *Destillerien* gebrauchen zur Produktion ihrer *Single Malts* zumeist *Brauwasser* aus nahe gelegenen Quellen und Tiefbrunnen.

Brennblasen (engl. stills)

In den kupfernen *Brennblasen* wird die *Destillation* zur Anreicherung des Alkohols und der Aromastoffe im Rohwhisky vollzogen. In Schottland finden fast ausnahmslos zwei Destillationsvorgänge in jeweils unterschiedlichen *Brennblasen* statt. Die Blasen der ersten Destillationsstufe bezeichnet man als *wash stills*, die der zweiten als *spirit stills*.

Brennerei (engl. distillery)

In den *Brennereien* wird grundsätzlich der Herstellung von Whisky nachgegangen. Hier finden die meisten Prozessschritte zur Erzeugung des *water of life* statt. Aus Kostengründen sind Arbeitsvorgänge wie das *Mälzen* und die Abfüllung häufig ausgelagert.

Cask Strength (Fassstärke)

Whiskys werden in der Regel vor dem Abfüllen mit demineralisiertem Wasser auf Trinkstärke verdünnt. Er weist dann einen Alkoholanteil von 40 bis 46 Vol.-Prozent auf. Manche Abfüllungen werden allerdings auch in Fassstärke mit einem Alkoholanteil zwischen 50 und 60 Vol.-Prozent abgefüllt, um einen besonders authentischen Whisky zu erhalten.

Charing (Auskohlen)

Charing ist das Verfahren, bei dem die Fässer vor der Befüllung über Feuer ausgekohlt werden. Dies geschieht zur Desinfektion der Fässer.

Darren

Das Trocknen der keimenden Gerste während des Mälzprozesses nennt man auch *Darren*. Die *Gerste* wird in der Malzdarre auf einem perforierten Boden ausgebreitet und entweder mit Rauch aus einem Feuer oder mit heißer Luft durch den Boden getrocknet. Durch das *Darren* wird der Keimvorgang der *Gerste* gestoppt.

Destillat

Das *Destillat* ist das Produkt der *Destillation*. Es besteht aus dem Dampf, der im Schwanenhals der Brennblasen auskondensiert. Im Verhältnis zur Vorlage liegt der Anteil der leichter flüchtigen Bestandteile im *Destillat* in konzentrierter Form vor.

Destillation

Unter der Destillation wird ein thermisches Trennverfahren verstanden, bei dem sich die leichter flüchtigen Bestandteile (wie Alkohol und Aromastoffe) im Destillat konzentrieren. Schwerer flüchtige Komponenten verbleiben zu einem großen Teil in der Vorlage. Single Malt Whisky wird üblicherweise zweifach destilliert. Der Alkoholgehalt nach der ersten Destillation mit durchschnittlich etwa 23 Volumenprozent ist für Whisky noch zu gering.

Destillerie (engl. distillery)

… siehe *Brennerei*.

Double Wood

Die Bezeichnung *double wood* steht für die Verwendung zweier verschiedener Fassarten bei der Reifung von Whisky. Hierbei reift der Whisky beispielsweise mehrere Jahre in ehemaligen Bourbon-Fässern und anschließend noch einige Zeit in Sherry-Fässern. Auf diese Weise erhält ein Whisky zumeist eine höhere geschmackliche Komplexität. Dieses Verfahren wird auch als *finishing* oder *double maturation* bezeichnet.

Draff

Die Getreiderückstände, die im Maischebottich verbleiben, nachdem die Würze abgezogen ist, werden als *Draff* bezeichnet. Diese Rückstände werden als Tierfutter verkauft.

Dram

Ein *Dram* ist ein schottisches Trinkmaß. Die Menge ist hiermit allerdings nicht festgelegt. Ein *wee dram* – ein *kleiner Schluck* – kann unter Umständen auch ein volles Glas sein.

Erzeugerabfüllung

Wie der Name schon sagt, wird diese Abfüllung vom Erzeuger selbst vorgenommen. Im Gegensatz dazu steht die *unabhängige Abfüllung*.

Farbgebung

Nach der *Reifung* weist der Whisky eine ihm eigene Färbung auf. Sie ist zwar von mehreren Faktoren abhängig, wird jedoch größtenteils durch Art und Zustand des Fassholzes geprägt. Junges Holz gibt mehr Aroma und Farbintensität an das *Destillat* ab als solches, das bereits mehrfach Whisky beherbergte. Da die Farbe von Whisky von Fass zu Fass schwankt, wird er vor der Abfüllung häufig mit Zuckerkulör versetzt. Auf diese Weise kann Produkten eine einheitliche Farbgebung verliehen werden.

Feints (Nachlauf)

Bezeichnung des nicht verwendeten Nachlaufs bei der *Destillation*. Dieser Anteil des *Destillats* wird zur erneuten *Destillation* wieder zurück in die *Brennblasen* geleitet. Für den *Nachlauf* findet sich auch gelegentlich der Begriff *tail*.

Fermentation

Unter Gegenwart von *Hefe* wird der in der *Würze* enthaltene Zucker bei der *Fermentation* (im deutschen Sprachgebrauch üblicherweise als *Gärung* bezeichnet) zu Alkohol und Kohlendioxid umgesetzt. Dieser Vorgang dauert durchschnittlich etwa drei Tage und findet in großen hölzernen Gärbehältern – den *wash backs* – statt.

Filtration

Whisky enthält nach der Fasslagerung einen gewissen Anteil an *Schwebstoffen*, wie beispielsweise Holzspäne sowie geringe Mengen an Fettsäuren. Letztere fallen bei niedrigen Temperaturen aus und führen zu einer Trübung. Durch eine Filtration vor der Abfüllung werden diese *Schwebstoffe* entfernt.

First Fill

Bezeichnung für ein Fass, das zum ersten Mal zur Reifung von schottischem Whisky verwendet wird. Fässer, die bereits einmal Whisky beherbergten, werden analog hierzu *second fills* genannt. Mit jedem *refill* nimmt der Einfluss des Holzes auf die Geschmacksgebung des Whiskys ab. Die Fässer werden deshalb nach jeder Entleerung auf ihrer weitere Eignung überprüft. Ist das Holz ausgelaugt, wird es ausgemustert.

Foreshot (Vorlauf)

Vorlauf bei der *Destillation*, der nicht in die Fässer gefüllt, sondern zur erneuten Destillation zurück in die *Brennblasen* geleitet und alternativ als *head* bezeichnet wird.

Gärbehälter (engl. wash back)

Große Holzbottiche, in denen das Gemisch aus *Würze* und *Hefe* einige Tage gärt.

Gerste (engl. barley)

Gerste bildet die einzige zur Erzeugung von *Single Malt* verwendete Getreidesorte. Beim *Mälzen* der *Gerste* entsteht das zuckerhaltige *Gerstenmalz*. Dieses wiederum ist Ausgangsprodukt für die Alkoholgewinnung bei der späteren *Gärung*.

Grain (Getreide)

Unter *grain* wird eine bestimmte Sorte von Whisky verstanden. Im Gegensatz zu Malt Whisky, der nur aus Gerste besteht, kann *grain*

Whisky jede Art von Getreide enthalten. Üblicherweise werden neben Gerste noch Hafer, Roggen und Mais verwendet.

Grist (gemahlenes Malz)
Jede *Destillerie* verfügt über ein eigenes Rezept, das Malz zu mahlen. Für die spätere Verarbeitung ist die richtige Größe des grists von großer Bedeutung. Ist es zu grob, besteht die Gefahr des Verklumpens; aus zu feinem grist kann nicht genügend Zucker gelöst werden.

Grist Hopper
Lagerbehälter für gemahlenes *Gerstenmalz*.

Head (Vorlauf)
… siehe *foreshot*.

Hefe (engl. yeast)
Ganz wie bei der Bierherstellung werden bei der *Gärung* der *Würze* speziell gezüchtete *Hefen* zur Umsetzung des Zuckers in Alkohol eingesetzt. *Hefen* sind Mikroorganismen, die auch bei Abwesenheit von Sauerstoff überleben können und in einem bestimmten Temperaturbereich optimal arbeiten.

Highproof (hochprozentiger Whisky)
Für hochprozentigen Whisky wird gelegentlich auch die Bezeichnung *highproof* verwendet. Sie stammt von einer alten Messmethode des Alkoholgehalts, bei der der Whisky angezündet wurde. Begann er zu brennen, was ab einem Alkoholgehalt von mindestens 57 Vol.-Prozent geschieht, hatte er die Probe (proof) bestanden.

Hogshead
Eichenfass zur Reifung von Whisky mit einem Fassungsvermögen von 254 Litern.

Kiln
Die Gebäude mit den für schottische *Destillerien* typischen Pagodendächern heißen *kilns*. In ihnen wurde früher die keimende *Gerste* gedarrt.

Lagerhaus (engl. warehouse)
Gebäude, in dem die Whiskyfässer zur *Reifung* lagern. Das hier herrschende Mikroklima trägt neben dem Holz des Fasses mit zur Geschmacksentwicklung des Whiskys bei.

Lagerung
… siehe *Reifung*.

Low Wines
Die *low wines* sind das Ergebnis der ersten *Destillation* in der *wash still*. Ihr Alkoholgehalt erreicht ungefähr 25 Vol.-Prozent. Zur zweiten Destillation werden die *low wines* in die *spirit still* geleitet.

Maische
Die *Maische* ist ein Zwischenprodukt, das durch die Zugabe heißen Wassers zum gemahlenen *Malz* eingangs des Maischvorgangs entsteht.

Maischen
In einem mehrstündigen Prozess wird beim *Maischen* das gemahlene *Malz* in der *mash tun* mit heißem Wasser vermischt und der im Getreide enthaltene Zucker ausgelöst. Das Produkt trägt den Namen *Würze*.

Maischpfanne (engl. mash tun)
In der *Maischpfanne* wird das gemahlene *Malz* mit heißem Wasser vermischt. Bei diesem Vorgang – dem *Maischen* – wird der Zucker aus dem *Malz* gelöst.

Malting Floor (Mälzboden)
Mälzboden, auf dem die feuchte *Gerste* zum Keimen ausgelegt wird.

Malz (engl. malt)

Malz wird aus Gerste gewonnen und ist ein Zwischenprodukt bei der Herstellung von Whisky.

Mälzen

Unter dem *Mälzen* wird die Herstellung von *Malz* aus *Gerste* verstanden. Traditionell wird das Getreide in Wasser eingeweicht und auf dem *malting floor* ausgebreitet. Beim anschließenden Keimen findet die Umwandlung der in der *Gerste* enthaltenen Stärke in Zucker statt. Da bei diesem Vorgang eine bestimmte Temperatur eingehalten werden muss, wird die *Gerste* immer wieder mit Holzschaufeln gewendet. Später wird das Getreide auf *Darrböden* getrocknet. Dieses Verfahren ist insgesamt jedoch sehr aufwändig und findet daher in nur noch sehr wenigen *Destillerien* Verwendung.

Malzmühle

In der *Malzmühle* wird in zwei Schritten das Aufbrechen der Schalen des *Gerstenmalzes* und das Mahlen zu Schrot durchgeführt. Viele *Brennereien* setzen noch antike Mühlen aus schwerem Metall ein.

Marrying (Vermählen)

Ein Prozess beim Blenden von Whisky, bei dem das Gemisch noch einige Zeit in einem Fass gelagert wird, damit sich die einzelnen Whiskys miteinander verbinden können.

Middle Cut (Mittellauf)

Nur der *Mittellauf* des *Destillats* wird als Rohwhisky in die Fässer zur *Reifung* gefüllt. *Vor-* und *Nachlauf* werden zur erneuten *Destillation* zurück in die *Brennblasen* geleitet. Der *Mittellauf* wird gelegentlich auch als *heart of the run* bezeichnet.

Nachlauf (engl. feints)

... siehe *feints*.

New Make

Als *new make* (oder *new spirit*) wird die Flüssigkeit bezeichnet, die nach dem Destillationsprozess in die Fässer gefüllt wird. Gemäß schottischem Gesetz darf sich diese Flüssigkeit erst nach dreijähriger Lagerung in Eichenfässern Whisky nennen.

Nosing

Das Erriechen des Buketts eines Whiskys wird als *Nosing* bezeichnet. Hierfür werden besonders geformte Nosing Gläser verwendet, in denen sich das Bukett besonders gut entfalten kann.

Phenole

Bei den aromaintensiven Inhaltsstoffen, die ein *Single Malt* durch das *Darren* des *Gerstenmalzes* über Torffeuer erhalten kann, handelt es sich chemisch betrachtet um *Phenole*. Der Phenolgehalt eines Whiskys lässt eine direkte Aussage auf dessen Torfcharakter zu.

Pot Ale

Als *pot ale* (oder auch als *burnt ale*) wird der Rückstand bezeichnet, der nach der ersten *Destillation* in den *Brennblasen* zurückbleibt. Diese Rückstände werden oft zu Tierfutter verarbeitet.

Puncheon

Eichenfass zur *Reifung* von Whisky mit einem Fassungsvermögen von 558 Litern.

Pure Malt

Die Bezeichnung *Pure Malt* steht für einen Verschnitt aus ausschließlich Malt Whiskys. Im Gegensatz dazu wird für einen Blend zusätzlich zum Malt Whisky noch *Grain Whisky* verwendet. Ein *Pure Malt* kann ein Verschnitt aus *Single Malt* Whiskys einer einzigen oder mehrerer *Destillerien* sein. In letzterem Fall wird üblicherweise die Bezeichnung *Vatted Malt* gebraucht.

Quaich

Quaich ist das gälische Wort für Kelch. Ein *Quaich* ist ein schottisches Trinkgefäß aus Holz, Zinn oder Silber. Die flache Schale wird an ihren beiden seitlichen Griffen meist in der Runde herumgereicht.

Refill

Fässer, die in Schottland bereits befüllt waren und zur *Reifung* von Whisky verwendet wurden, nennt man bei erneuter Befüllung *refill*. Aus dem Eichenholz solcher Fässer kann nur noch eine geringe Menge an Aromen herausgelöst werden. Dem Whisky mangelt es dann oft an Substanz und Intensität.

Reifung (engl. aging)

Während der Reifezeit werden verschiedene Geschmacksstoffe aus dem Holz der Fässer gelöst, die dem Whisky zu seinem einzigartigen Geschmack verhelfen. Die *Reifung* wird auch als *maturation* bezeichnet.

Rohwhisky (engl. new make)

… siehe *new make*.

Scotch

Sammelbezeichnung für in Schottland erzeugte *Blended Whiskys*. Als Voraussetzung gilt eine mindestens dreijährige Reifung in Eichenfässern.

Shiel

Mit Hilfe der *shiel* (einer besonderen Schaufel) wenden die Arbeiter die keimende *Gerste* auf dem *Mälzboden*. Auf diese Weise wird die feuchte *Gerste* belüftet und gleichmäßig temperiert.

Single Cask

Die Angabe *Single Cask* auf dem Etikett einer Abfüllung weist darauf hin, dass der Whisky in der Flasche aus einem einzigen Fass stammt.

Single Malt

Single Malts sind Abfüllungen von Whiskys, die aus ein und derselben *Destillerie* stammen. Beim Verschneiden wird durchaus auf Whiskys unterschiedlichen Alters zurückgegriffen. Der Altersangabe auf dem Etikett liegt aber auf jeden Fall der jüngste verwendete Whisky zugrunde.

Slainté!

Hinter dieser Kurzform eines alten schottischen Trinkspruches verbirgt sich das längere *Slainté mhat*, *slainté mhor*, zu deutsch *gute Gesundheit*, *große Gesundheit*.

Spent Lees

Als *spent lees* bezeichnet man die Rückstände, die nach der *Destillation* in der *spirit still* verbleiben. Diese werden aufbereitet und als Abfall beseitigt.

Spirit Receiver

Sammeltank für den nach der *Destillation* erhaltenen Rohwhisky.

Spirit Safe

In den Brennereien Schottlands wird der destillierte Alkohol in einem geschlossenen Kreislauf geführt. Der *spirit safe* ist wichtiger Bestandteil dieses geschlossenen Systems. In ihm findet neben der Qualitätskontrolle die Abtrennung des *Mittellaufes* von *Vor-* und *Nachlauf* statt. Er ist als Glaskasten mit Schloss und sicherer Verplombung ausgeführt, um zu verhindern, dass aus dem Kreislauf zu keiner Zeit Rohdestillat unversteuert entnommen werden kann.

Spirit Still

In der *spirit still* findet die zweite *Destillation*

des Whiskys statt. Direkt im Anschluss erfolgt die Abfüllung des *Destillats* in die Fässer zur *Reifung*.

Steep
Unter einem *steep* wird ein großer Kessel verstanden, in dem die *Gerste* vor der Keimung auf dem *malting floor* gewässert wird. Der Vorgang selbst wird als *steeping* bezeichnet.

Still House
Das *still house* ist möglicherweise das wichtigste Gebäude einer jeden *Destillerie*. Hier sind die *Brennblasen* – die *wash stills* und *spirits stills* – untergebracht, in denen der Whisky meist zweifach destilliert wird.

Stillmen
Die Brennmeister werden als *stillmen* bezeichnet. Einmal abgesehen vom Vermählen der Whiskys vor der *Abfüllung* sind sie während des gesamten Produktionsprozesses für die Qualität des *Destillats* verantwortlich.

Tasting
Das Verkosten eines Whiskys wird als *Tasting* bezeichnet.

Torf (engl. peat)
Torf ist ein wichtiges Hilfsmittel bei der Herstellung schottischer Malt Whiskys. Er wird mal mehr, mal weniger als Brennstoff für das Kilnfeuer zum Trocknen der keimenden *Gerste* beim *Mälzen* verwendet. Hier entscheidet sich, ob man einen weichen und milden oder aber einen kräftigen und rauchigen *Single Malt* erhält.

Treber
Reststoff, der beim *Maischen* nach dem Auslösen des Zuckers aus der gemälzten Gerste übrig bleibt. Dieses Abfallprodukt wird als Tierfutter verkauft.

Uisge Beatha
Uisge beatha ist gälisch und steht für *Wasser des Lebens*. Aus dieser Bezeichnung entwickelte sich das englische Whisky.

Unabhängige Abfüllung
Im Gegensatz zur Erzeugerabfüllung die Abfüllung eines Unternehmens, das den Whisky nicht selbst produziert hat. Unabhängige Abfüller – wie zum Beispiel *Signatory* oder *Cadenhead* – erwerben ganze Fässer direkt von den *Destillerien*, lagern diese in eigenen Lagerhäusern und füllen den Whisky nach eigenem Ermessen selbständig ab.

Underback
Auffangbehälter, in den die beim *Maischen* entstehende *Würze* abfließt.

Vatted Malt
Ein *Vatted Malt* ist – ähnlich wie ein Blend – ein Verschnitt verschiedener Whiskys. Allerdings dürfen für einen *Vatted Malt* ausschließlich Malt Whiskys verwendet werden.

Vintage Malt
Verschnitt von *Single Malt* Whiskys ein und desselben Jahrgangs. Üblicherweise stammen die Whiskys eines *Vintage Malts* aus einer einzigen *Destillerie*.

Vorlage
Die bei der *Destillation* in den Bauch der *Brennblase* eingeleitete Flüssigkeit wird als *Vorlage* bezeichnet. Bei der ersten Destillationsstufe handelt es sich hierbei um die *wash*, die *Vorlage* des zweiten Brennvorgangs sind die *low wines*.

Vorlauf (engl. foreshot)
… siehe *foreshot*.

Wash
Bierähnliche Flüssigkeit, die nach der *Gärung* entsteht. Der Alkoholgehalt der *wash* beträgt zwischen fünf und acht Vol.-Prozent. Sie wird zur ersten *Destillation* in die *wash stills* eingeleitet.

Wash Back (Gärbehälter)
... siehe *Gärbehälter*.

Wash Charger
Sammelbehälter, in dem nach Abzug der *Hefe* und dem Ende der *Fermentation* die *wash* gelagert wird.

Wash Still
Die *Brennblase* für den ersten Brennvorgang wird als *wash still* bezeichnet. Ergebnis dieser ersten *Destillation* sind die *low wines*, die anschließend erneut destilliert werden.

Würze (engl. wort)
Die nach dem *Maischen* entstandene Flüssigkeit nennt man *Würze*. Bei diesem Vorgang wird der im *Gerstenmalz* enthaltene Zucker ausgelöst. Der hohe Zuckergehalt der *Würze* ist bedeutend für die anschließende *Gärung*.

Zuckerkulör
Farbstoff, der zur Vereinheitlichung der Farbgebung von Whisky verwendet wird. In Deutschland muss die Zugabe von *Zuckerkulör* auf der Flasche angegeben sein.

Bildnachweis

Bickerich, Uwe (www.celticcolors.de): S. 6, 7, 10, 15, 16, 60
Bruichladdich Distillery Ltd.: S. 27 links oben, 57, 75
Chivas Brothers Ltd. (www.scotchnet.com): S. 25, 33 unten, 47 oben, 56, 61, 65, 66, 67, 73, 78, 108, 120
Dewar's: S. 20
Diedrichs, Michael/Salle, Rami (Helsinki): S. 59 oben links
Glashütte Eisch: S. 58 oben links
Glenfarclas Distillery: S. 21, 36, 38 oben rechts, 39 oben rechts, 116, 117
Glenmorangie plc.: S. 33 oben, 44, 46 oben, 48, 93, 105, 161 oben links
Hahlbohm Communication & Media Services GbR: Cover, S. 12, 27 oben rechts, 29, 30, 38 oben links, 39 oben links, 43 oben, 68, 71, 77, 79, 81, 83, 84, 85, 87, 89, 91, 95, 98, 99, 101, 103, 107, 111, 112, 113, 118, 122, 161 oben rechts.
Knockando Distillers S. 119
Lagavulin Distillers S. 109
Ian Macleod Distillers Ltd.: S. 41, 43 unten, 51, 62, 115
Jegg, Roger (www.zigarrenschachtel.de): S. 125
Olaf Nagel photodesign: S. 58 oben rechts, 130, 132, 134, 136, 138, 146, 148
Springbank Distillers Ltd.: S. 97
Sutera, Pietro (www.pietro-sutera.de): S. 126, 129
Van Ooyen, Hans: S. 9

Wenzel-Orf, Harald: S. 22, 140, 143, 145
Whyte & Mackay Ltd.: S. 88, 153

Das Copyright für die abgebildeten Werke liegt, sofern nichts anderes aufgeführt ist, bei den jeweiligen Fotografen, Destillerien etc. Trotz intensiver Recherche ist nicht auszuschließen, dass in jedem Fall die Urheberrechte ermittelt wurden. Wir bitten ggf. um Mitteilung an den Verlag.

Alle in diesem Buch enthaltenen Angaben wurden von den Autoren nach bestem Wissen erstellt und von ihnen und dem Verlag mit größtmöglicher Sorgfalt überprüft. Gleichwohl sind inhaltliche Fehler nicht vollständig auszuschließen. Daher erfolgen die Angaben im Sinne der Produkthaftung ohne jegliche Verpflichtung oder Garantie des Verlages oder der Autoren. Beide übernehmen keinerlei Verantwortung und Haftung für etwaige inhaltliche Unstimmigkeiten. Wir bitte dafür um Verständnis und werden Korrekturhinweise an office@media-service-stuttgart.de gerne aufgreifen.

Danksagung

Auf dem Weg zur Fertigstellung des vorliegenden Werkes haben uns viele Menschen mit ihrem Wissen, ihren Ratschlägen und Ideen unterstützt. Ihnen allen gilt unser Dank.
Wertvolle Hilfestellung von Seiten der Destillerien und Erzeuger leisteten Monica Brasca (Glenfiddich Distillery), Simon Coughlin (Bruichladdich Distillery), Antony McCallum Carron (Ian Macleod Distillers Ltd.), Peter Curry (Springbank Distillery), Angela Duffy (Whyte & Mackay), Frank McHardy (Springbank Distillery), Robert Ransom (Glenfarclas Distillery), Andreas Rust (Glenmorangie plc.), Yvonne Thackeray (Chivas Brothers) + Silvia (Glenfiddich Distillery). Wir danken für aufschlussreiche Gespräche, interessante Sonderführungen und tonnenweise Material für das Buch.
Fachliche Unterstützung sowie das Lektorat der Texte übernahmen Lorenz Gabel (TU München), Claudia Kniess, Dr. Günther Leupold (TU München) und Nicole Schmidt. Für ihre Geduld, Anregungen und Hinweise möchten wir uns besonders bedanken.
Dank gilt weiterhin Hans-Jürgen Conrad (Kunst- und Erlebnis-Werkstatt Conrad, Augsburg), Michael Gradl und Ehefrau (Gradls Whiskyfässla, Nürnberg), Ingo Graf (Kempinski Grand Hôtel des Bains, St. Moritz), Michael Karrer, Miriam Maaß, Hermine Mühlbach, Bernhard Stadler (Hotel Airport Kempinski München), die auf unterschiedlichste Weise ihren Beitrag zur Entstehung des Buches beitrugen.

Eike und Leif Hahlbohm

Der Verlag bedankt sich für die freundliche Unterstützung bei:
Patissier Olivier Fabing und Kloster Hornbach für die Rezepte Whisky & Schokolade
Koch Marco Herz und Hotel Elephant für die Rezepte Whisky & Kochen
Barkeeper Ulrich Brünicke und Hotel Elephant für das Zubereiten der Cocktails

Für die unkomplizierte Unterstützung mit Fotomaterial danken wir:
Roger Jegg (zigarrenschachtel.de)
Erich Eisch (Glashütte Eisch)
Michael Diedrichs & Rami Salle (Helsinki)
Pietro Sutera
Uwe Bickerich.